Karina Lorenz

Mit Andrea Micus

Rubinroter Sommer

KARINA LORENZ
MIT ANDREA MICUS

Rubinroter Sommer

Die wahre Geschichte einer ungewöhnlichen Liebe

List

Zum Schutz von Personen wurden Namen, Biographien und Orte zum Teil verändert und Handlungen, Ereignisse und Situationen an manchen Stellen abgewandelt.

FSC
www.fsc.org
MIX
Papier aus verantwortungsvollen Quellen
FSC® C083411

List ist ein Verlag
der Ullstein Buchverlage GmbH

ISBN 978-3-471-35079-9

Lektorat: Claudia Schlottmann
Gesetzt aus der Berkeley Oldstyle
Satz: LVD GmbH, Berlin
Druck und Bindearbeiten: CPI – Clausen & Bosse, Leck
Printed in Germany

KAPITEL 1

»Woran merkt eine Frau eigentlich, dass sie sich für Frauen interessiert?«

Kathleen strahlt mich an. Dann schließt sie die Augen, lehnt den Kopf zurück und erzählt. Sie spricht sehr ruhig, sehr besonnen. »Man fühlt es einfach, weißt du. Plötzlich ist da eine Frau, die etwas in dir zum Vibrieren bringt. Du möchtest sie berühren, sie küssen, streicheln, ihr ganz nah sein. Das Gefühl macht dir anfangs Angst. Du kannst es nicht einordnen. Es ist dir fremd, schließlich sind wir so erzogen, dass wir nur Männer begehren. Fragen über Fragen rattern durch deinen Kopf. Was ist mit mir los? Bin ich verrückt? Krank? Was stimmt nicht mit mir?«

Ich sitze neben Kathleen auf der Eingangstreppe ihres Hauses in Großdubrau. Es ist ein milder Sommerabend im Jahr 2005 und bereits weit nach Mitternacht. Wir waren zusammen auf unserem Dorffest und haben viel getanzt und gelacht. Jetzt habe ich sie nach Hause gefahren, aber wir wollen uns noch nicht trennen. Mein Firmen-Van mit Werbeaufschrift steht in der Einfahrt. Wir lehnen gemütlich an der Hauswand und reden. Die Situation ist merkwürdig. Oben unter dem Dach in ihrer gemeinsamen Wohnung schläft Kathleens Freundin Lena. Ein paar Autominuten von hier entfernt liegen mein Mann Franz und unsere drei Kinder in ihren Betten und schlafen sicher ebenfalls friedlich.

Und ich, Karina Follmann-Lorenz, Besitzerin einer Ferienanlage und eines gutgehenden Gasthofes, ich sitze hier mitten in der Nacht mit einer meiner Angestellten vor deren Haus und habe unerklärliche Schmetterlinge im Bauch.

Hätte mir das jemand vor zwei Monaten prophezeit, hätte ich ihn für verrückt erklärt. Ich bin verheiratet, sachlich und führe ein sehr diszipliniertes Leben. Es passt schon nicht zu mir, dass ich mir mitten in der Hochsaison eine Nacht um die Ohren haue. Noch weniger passt es zu mir, dass ich das auch noch mit einer jungen Frau tue, die eine bekennende Lesbe ist. Aber ich fühle mich gut dabei, genieße die Zweisamkeit und die Offenheit, mit der wir beiden Frauen reden.

»Lieben Frauen anders?«, will ich weiter wissen.

Kathleen zögert nur kurz, bevor sie mir geduldig erzählt, wie es ist, wenn sich Frauen lieben. »Es geht mindestens genauso viel um die Befriedigung der Seele wie um die körperliche Lust. Frauen sind einfühlsamer als Männer. Wenn sich zwei Frauen füreinander interessieren, will jede von der anderen wissen, was sie bewegt, wonach sie sich sehnt, was sie in ihrem Innersten beschäftigt.« Kathleen sieht mich einen Moment lang eindringlich an, dann fährt sie fort. »Ein Mann kann sich viel schlechter in eine Frau einfühlen. Kein Wunder, er hat ja ein anderes Geschlecht, andere Hormone.

Wusstest du, dass Männer rund zehnmal so viel Testosteron im Körper haben wie Frauen? Sie müssen doch ganz anders ticken. Dazu kommt oft eine unterschiedliche Erziehung mit total anderen Rollenvorstellungen.«

Ich höre aufmerksam zu. Über all das habe ich noch nie nachgedacht.

Kathleen spricht immer weiter, und ihre Stimme klingt sehr engagiert: »Es beginnt schon in der Pubertät, wenn der Körper erblüht und alles in einem mit allem kämpft. Wie will ein Mädchen einem Jungen erklären, was sie da fühlt? Es geht nicht. Das Gleiche gilt auch in anderen Lebensabschnitten. Erinnere dich einfach, wie es bei dir war. Du hast Ärger mit deiner Mutter, du lebst zum ersten Mal allein, du fühlst dich sexuell ausgenutzt oder wünschst dir ein Kind: Was soll ein Mann dazu sagen? Er hat doch immer einen ganz anderen Blickwinkel und kann dein inneres Erleben im günstigsten Fall erahnen. Er kann Mitgefühl zeigen, aber niemals deine Gefühle verstehen.«

Kathleen erzählt mir, dass sie sich schon als junges Mädchen mehr zu Frauen als zu Männern hingezogen gefühlt hat. Mit siebzehn Jahren hat sie sich in eine Zwanzigjährige verliebt und ist sieben Jahre mit ihr zusammengeblieben.

Mit leiser Stimme erklärt sie: »Wenn du einmal deiner inneren Stimme gefolgt bist und Sex mit einer Frau hattest, willst du nie wieder etwas anderes. So war es jedenfalls bei mir.«

Ich höre Kathleen genau zu. Was sie sagt, klingt so logisch und gar nicht radikal. Zumal sich auch ihre Stimme kein bisschen bitter oder kämpferisch anhört. Sie sagt es so selbstverständlich, so klar, als wäre lesbische Liebe das Natürlichste auf der Welt.

Für mich ist sie fremd, allerdings habe ich mir auch nie Gedanken darüber gemacht. Ehrlich gesagt, weiß ich nicht mal, wie sie körperlich geht. Aber ich wüsste es gern. Soll ich Kathleen einfach fragen?

Kathleen scheint meine Gedanken lesen zu können. Ich meine, ein Schmunzeln auf ihren Lippen zu sehen, als sie weitererzählt. »Ich habe keine Erfahrung mit Männern, ich kann dir also nicht sagen, ob Sex mit einer Frau lustvoller ist als Sex mit einem Mann. Aber denk einfach logisch. Mit einer Frau im Bett musst du nicht erklären, wie du es magst. Jede Frau weiß das von sich selbst genau, und außerdem sind Frauen so feinfühlig, dass sie auch erspüren, was dir besonders guttut. Von meinen Freundinnen habe ich gehört, dass Männer über manche Körperstellen einfach achtlos hinwegstreicheln, weil sie nichts damit anzufangen wissen. Mit einer Frau passiert dir das garantiert nicht.«

Kathleen lächelt mich jetzt ganz unschuldig an und wirkt ein bisschen verlegen: »Ich meine natürlich nicht dir, sondern ganz allgemein einer Frau.«

Während Kathleen erzählt, rutsche ich unruhig hin und her. Ich bin bestimmt nicht prüde, aber so offen, wie Kathleen jetzt ihr lesbisches Empfinden schildert, macht mich das doch etwas nervös. Was sie wohl von mir denkt? Ich bin verheiratet und habe drei Kinder! Mit Frauen habe ich nichts am Hut. Hoffentlich sorgen meine Fragen bei ihr jetzt nicht für Verwirrung.

Warum ich das alles so genau wissen will?

Aus reiner Neugier natürlich, denn ich habe keinerlei homoerotische Erfahrungen. Mich interessieren Frauen als Freundinnen, aber mehr auch nicht. Ich bin eindeutig hetero. Ich brauche einen Mann zum Glücklichsein. Ich mag Bartstoppeln und raue Hände. Ich mag haarige, muskulöse Männerbrüste, kräftige, steinharte Schenkel und auch das dazwischen. Ich mag einen richtigen Kerl.

Gut, seit einiger Zeit hat sich die Liebe zu meinem Mann etwas abgeschliffen. Aber nach fast vierzehn Jahren Partnerschaft und drei Kindern sind die Gefühle eben etwas entspannter. Das weiß doch jeder. Da spürt man eine tiefe Verbundenheit, einen innigen Zusammenhalt. Das Prickeln der ersten Nächte, das ist nun mal vorbei. Die sexuelle Spannung, die sich zwischen zwei Menschen am Anfang einer Beziehung aufbaut, schwindet mit den Jahren.

»Liebst du deinen Mann?«, will Kathleen jetzt wissen. Ich zögere keine Sekunde mit der Antwort. »Ja, klar, aber es ist eine andere Liebe als früher.«

Kathleen lässt nicht locker. »Fühlst du dich angenommen, geborgen, bist du innerlich satt?«

Ich weiß nicht richtig, was das ist: innerlich satt. Aber ich fühle, dass mir das Thema jetzt unangenehm wird. Kathleen hat mich ertappt.

Meine Ehe ist mir längst zu kalt, zu zweckmäßig geworden. Gut, ich habe sicherlich auch meinen Anteil an der Entwicklung. Es ist nie nur einer schuld, wenn sich eine Beziehung abkühlt. Aber ich will nicht klagen, insgesamt sind Franz und ich ein gutes Team.

»Eine Frau versteht dich einfach ohne Worte«, höre ich Kathleen weiterreden. »Wenn deine Seele mehr Hunger hat als dein Körper, dann gibt dir eine Frau viel mehr, garantiert!«

Kathleens Augen blitzen jetzt. Ihre Stimme klingt feurig. »Wenn Frauen Frauen lieben, herrscht mehr Übereinstimmung. Es treffen Menschen mit gleicher Emotionalität, gleicher Warmherzigkeit aufeinander. Das ist entscheidend. Und sexuell gilt das auch. Frauen empfinden gleich, sie wissen, was sich gut anfühlt, was sie besonders erregt. Das einem Mann klarzumachen ist doch unmöglich. Eine Frau kann umgekehrt auch nie wissen, wie ein Mann empfindet. Sie kann fragen, experimentieren, aber wissen, nein, das kann sie nicht. Aber sie kann es bei einer Frau.«

Ich höre Kathleen weiter zu. Ihr Plädoyer für die lesbische Liebe ist leidenschaftlich. Aber ich bin nun einmal anders gepolt, mich haben immer Männer gereizt. Sex mit einer Frau, das stand noch nie auf meinem Wunschzettel.

Ich sehe Kathleen von der Seite an. Sie sieht süß aus in dieser Nacht. Die braunen Haare sind vom Wind zerzaust. Eine Strähne fällt ihr immer ganz leicht ins Gesicht, und wenn Kathleen spricht, schiebt sie sich die Strähne gedankenverloren hinters Ohr. Wie sie das macht, ganz langsam, ganz vorsichtig, das hat etwas richtig Elegantes.

Ich mustere Kathleens Gesicht. Sie hat lange, seidige Wimpern und einen weichen, vollen Mund. Seit wann interessieren mich die Lippen einer Frau? Der Ausschnitt ihres T-Shirts ist ein wenig verrutscht, und ich sehe ihre gebräunten Schultern. Ihre Haut schimmert samtig weich, wie bei einem Baby. Keine Frage, sie ist hübsch, richtig hübsch.

Als sie kurz aufsteht und das Shirt nach unten zieht, fällt mir auf, wie schlank sie ist. Lange Beine, schmale Hüften, ein richtiger Knackpo. Dazu malt sich jetzt ihr fester Busen unter dem knappen Hemdchen ab. Meine Güte, sie ist schon ein richtiges Weib! Sie kann Männer bestimmt begeistern. Oder pardon, dann eben auch Frauen.

Aber warum fällt mir das jetzt plötzlich auf? Ich bin irritiert.

Kathleen erzählt immer weiter, schwärmt unermüdlich davon, wie zärtlich Frauenliebe ist. »Es fehlt einfach der Machtanspruch. Männer wollen immer dominieren. Kämpfen, stark sein, eine Rolle ausfüllen, das ist ihnen wichtig. So sind sie seit Urzeiten geprägt, und das übertragen sie auf alle Lebensbereiche. Sie wollen Macht – auch gegenüber ihren Partnerinnen.«

Ich höre Kathleen immer noch zu. Aber nicht nur das. Ich rieche ihren Atem, ihre Haut. Und ich kann gar nicht mehr aufhören, sie anzusehen. Sie hat lange, zarte Finger und ganz schmale Handgelenke.

Was ist das? Als sie mich mit ihrem Arm an der Hüfte berührt, durchzuckt es mich wie bei einem Stromschlag. Als sich unsere Oberschenkel berühren, bekomme ich für einen Moment schlecht Luft. Das alles ist mir unangenehm. Hoffentlich merkt Kathleen nichts davon. Ich schüttele schnell den Kopf, denke: Aufwachen, Karina! Hier passiert etwas, was du nicht willst!

Aber meine Gedanken und Gefühle lassen sich nicht mehr so einfach kontrollieren.

Ich könnte mir plötzlich vorstellen, Kathleen zu berühren, zu küssen, ja, ich stelle es mir sogar wunderschön vor, ihre Brüste zu streicheln.

Über mir spannt sich der wolkenlose Himmel. Die Nacht ist sternenklar. Die Luft riecht nach sommerwarmer Erde. Dazu der Duft von Kathleens Haar. Mir wird plötzlich ganz schummerig.

»Du gehörst ins Bett«, flüstere ich Kathleen ins Ohr. Ganz leise, ganz innig. Sie nimmt meine Hand und schnurrt jetzt wie eine Katze, die Schmuseeinheiten braucht: »Schade, dass du nicht mitkommst!«

Für einen Moment nähern sich unsere Gesichter, streifen sich unsere Lippen. Es ist kein Kuss, nein, unsere Lippen berühren sich nur für den Bruchteil einer Sekunde. Es ist ein schönes Gefühl, weiche, warme Frauenlippen zu berühren. Dabei hatte es für mich immer etwas Abstoßendes, wenn ich von lesbischen Küssen gehört habe. Aber es ist alles andere als abstoßend. Es ist schön, sehr schön sogar.

Ich springe mit einem Satz hoch. Ich muss nach Hause, ganz schnell. Ich will allein sein, nachdenken.

»Schlaf gut, Kathleen, wir sehen uns morgen«, sage ich betont kühl, aber ich merke, dass mein Herz wie verrückt pumpert.

Kathleen steht ganz dicht vor mir. Auf einmal schlingt sie beide Arme um meinen Hals und schmiegt sich an mich. Ich spüre ihre kleinen, strammen Brüste an meinen. Meine Güte, ist das schön! Nur kurz erwidere ich ihre Umarmung. Dann entwinde ich mich ihr, schiebe meine Hände in die Hosentaschen, stehe steif wie ein Stock da und will nicht wahrhaben, was ich empfinde.

»Ich muss los«, sage ich jetzt fast schon barsch und ziehe Kathleens Arme vorsichtig von meinem Hals. Das Blut pulsiert immer heftiger in meiner Brust. Ich spüre eine ungeheure Hitze. Ich muss weg, ganz schnell.

»Grüß Lena schön«, murmele ich, und kaum habe ich es ausgesprochen, wundere ich mich, warum ich diesen dummen Satz sage.

Ich gehe nicht zum Auto, nein, ich renne. Ich reiße die Tür auf, werfe mich auf den Fahrersitz, schalte das Licht ein und gebe Gas.

Kathleen steht im Schein der Hauslampe. Sie lächelt, winkt mir mit der rechten Hand kaum sichtbar zu und sieht dabei wie ein kleiner Engel aus.

Meine Güte, was ist bloß los mit mir? Ich habe zwei Bier getrunken, viel Wasser. Es kann doch nicht sein, dass ich betrunken bin. Irgendetwas stimmt nicht mit mir.

Ich rase durch die Nacht. Rechts und links sausen die Bäume der prachtvollen Allee an mir vorbei. Ich starre in das Scheinwerferlicht auf der Straße und fahre wie in Trance nach Hause.

~

»Wo warst du so lange?«, brummelt Franz, als ich mich durch das dunkle Schlafzimmer Richtung Bett taste. Ich habe bewusst das Licht ausgelassen. Ich will ihn nicht wecken. Aber er hat offenbar gar nicht geschlafen.

»Es ist halb fünf!«, meint er jetzt, und der Vorwurf in seiner Stimme ist nicht zu überhören. »Auf dem Dorfplatz ist doch schon seit zwei Stunden nichts mehr los. Da kläfft höchstens noch ein Hund. Erzähl mir nicht, dass du so lange mit den Weibern gefeiert hast.«

Ich erkenne Franz' Umrisse. Er sitzt aufrecht im Bett und scheint sich ernsthaft darüber aufzuregen, dass ich so spät nach Hause komme.

Ich muss schmunzeln. Mein Mann kommt grundsätzlich nach Hause, wann er will, und er hält es nie für nötig, mir zu sagen, wo er sich wann aufhält und für wie lange. Aber jetzt macht er mir gerade eine Eifersuchtsszene. Ich kann es kaum glauben. Eigentlich müsste ich laut lachen, aber mir ist nicht nach Lachen zumute.

Ich bin einerseits total erschöpft und übermüdet, andererseits auch innerlich aufgewühlt und von mir selbst irritiert. Ich kann jetzt nicht noch lange diskutieren. Ich will überhaupt nicht mehr reden. In meinem Kopf herrscht ein totales Chaos. Meine Gedanken fahren Achterbahn. Ich würde garantiert keinen vernünftigen Satz herausbekommen.

Also rutsche ich schnell unter die Decke, tätschele Franz' Hand und drehe mich zur Seite. »Schlaf jetzt, es ist spät. In zwei Stunden ist die Nacht zu Ende. Ich erzähle dir morgen alles.«

Franz murmelt noch etwas von »So ein Quatsch« und »Erzähl mir lieber gar nichts«. Mehr höre ich nicht. Ich schließe die Augen und schlafe sofort ein.

~

Ich bin völlig geschafft. Bleierne Müdigkeit lähmt mich. Kakao kochen. Brötchen schmieren. Butterbrotdose packen. Alles geht automatisch, jeder Handgriff sitzt.

»Viel Spaß euch beiden! Und Laura, viel Glück bei der Mathearbeit!«

Als die Tür hinter den Mädels ins Schloss fällt, setze ich mich erschöpft auf einen Küchenstuhl und trinke einen Kaffee. Es ist halb acht. Franz ist schon unterwegs, die Kinder sind auf dem Weg in die Schule. Ich bin allein. Endlich.

Franz hat mich heute Morgen die ganze Zeit so komisch angeguckt. Er scheint richtig sauer zu sein, weil er nicht weiß, wo ich gewesen bin. Aber er hat mich auch nicht mehr danach gefragt. Vermutlich sieht man mir an, dass Diskussionen heute nichts bringen.

Zwei Stunden Schlaf und irgendetwas im Herzen, das ich überhaupt nicht einordnen kann. Ich will nicht reden.

Mein Abend mit Kathleen geht mir aber nicht mehr aus dem Kopf. Ich weiß auch gar nicht, wie ich mich verhalten soll, wenn sie gleich in der Ferienoase vor mir steht. Soll ich einfach so tun, als wäre nichts passiert? Ist denn überhaupt etwas passiert? Kathleen ist lesbisch. Vielleicht benehmen sich lesbische Frauen so, wenn sie Heterofrauen aus Spaß »knacken« wollen? Oder mag sie mich mehr als eine Freundin? Will sie mich zur Partnerin? Zur Geliebten?

Fragen über Fragen, die sich immer schneller in meinem Kopf drehen. Ich nippe weiter an meinem Kaffee und sehe aus dem Fenster. Draußen strahlt die Sonne, trotzdem ist mir kalt. Ich fröstele regelrecht. Liegt es am fehlenden Schlaf?

Oder an der Angst, dass etwas mit mir passiert, was ich nicht einschätzen kann?

Wer mich kennt, weiß, wie ich es hasse, die Kontrolle zu verlieren. Aber hier geschieht gerade etwas, das ich nicht beeinflussen kann.

Ich fasse mir an die Brust. Es ist, als ob mir etwas die Luft abschnürt. Ich muss raus, raus in die Natur.

Fast schon kopflos stürme ich aus der Wohnung, vorbei an der Gaststube und aus dem Haus.

»Karina, wann gehst du heute einkaufen?«, ruft unsere Köchin mir hinterher. Nur nicht stehen bleiben. Nur nicht reden müssen.

»Ich bin in einer Stunde wieder da«, rufe ich ihr über die Schulter zu, und dann gehe ich mit großen Schritten über die Hauptstraße Richtung Wäldchen. Ich brauche jetzt die Ruhe des Waldes, in der nur das Rascheln von Blättern meine Gedanken stören kann. Das wird mir guttun. Und der frische Wind kann meinen Kopf freipusten.

Ich laufe lange über den Feldweg, sauge die würzige Luft tief ein und spüre, wie sich bei jedem Atemzug meine Gedanken mehr sortieren. Ich brauche jemanden, der mir einen Rat gibt. Ich muss mit jemandem reden, der mich versteht und dem ich vertrauen kann.

Es gibt zwei Telefonnummern, die ich immer im Kopf habe: die meiner Eltern und die von Anne, meiner Jugendfreundin. Für meine Eltern passt das Thema definitiv nicht. Sie können sich nicht vorstellen, dass zwischen Frauen mehr sein kann als Freundschaft.

Also muss ich mit Anne reden. Sie ist meine beste Freundin und weiß alles von mir. Ich werde ihr von dem Abend mit Kathleen erzählen, zumal sie Kathleen kennt. Als Anne im Sommer drei Wochen bei uns war, hat sie auch Kathleen und Lena kennengelernt.

Ich weiß noch genau, dass sie damals »tolle Mädels« gesagt hat. Sie hat sich prima mit den beiden verstanden, besonders mit Kathleen. Die fand sie richtig klasse.

»Sei froh, dass du sie hier als Hilfe in der Firma hast. Auf Kathleen kannst du dich verlassen«, hat sie mir damals bei ihrer Abreise gesagt.

Aber garantiert würde sie nie für möglich halten, was gestern Abend zwischen Kathleen und mir passiert ist. Ich muss sie sprechen. Ich darf mich nicht schämen. Ich muss ihr ganz offen sagen, was mich bewegt.

~

»Anne, kann es sein, dass ich mich in eine Frau verliebt habe?«

Ich fackele nicht lange. Ich sage ihr sofort, was in mir brennt. Inzwischen sitze ich auf einer Bank am Waldrand und stelle mir vor, wie sie sich in ihrer Chemnitzer Wohnung erst einmal einen Stuhl heranzieht.

Die Kaffeemaschine rattert. Anne hat heute frei, sie wird sich jetzt Zeit für mich nehmen.

»Dann leg mal los«, sagt sie. Trotz meines inneren Durcheinanders muss ich schmunzeln. Anne reagiert genauso, wie ich es mir vorgestellt habe. Wir kennen uns schon so viele Jahre, und es gibt keine Lebenslage, in der wir uns nicht beigestanden hätten. Wir sind immer ein Herz und eine Seele gewesen, egal, was passiert ist.

Ich kann sie jetzt förmlich vor mir sehen, so vertraut ist sie mir. Garantiert trägt sie eine knackig-enge Jeans, eine blütenweiße Bluse, Make-up, das lange blonde Haar perfekt gestylt. Anne sieht immer aus wie aus dem Ei gepellt. Auch morgens um zehn.

Ich erzähle ihr alles, was ich mit Kathleen erlebt habe. Ich spare nichts aus. Jeder kleine Wortfetzen, jedes Augenblinzeln, jeder Händedruck. Alles erwähne ich. Ich beschreibe ihr unsere Stimmung im Zelt und die Art und Weise, wie Kathleen mich den ganzen Abend angesehen hat.

Ich will, dass Anne mehr als einen vagen Eindruck bekommt. Sie soll das Gefühl haben, dabei gewesen zu sein. Nur dann kann sie mich verstehen und mir helfen.

Anne hört zu. Sie lässt mich einfach reden. Nur ab und zu unterbricht sie mich, weil sie etwas genauer wissen will.

»Verstehst du mich?«, frage ich sie, als ich mir alles von der Seele geredet habe.

Am anderen Ende der Leitung bleibt es einen Moment lang still. Dann höre ich Annes Stimme. »Ich habe so etwas noch nie erlebt, Karina. Ich weiß nicht, wie ich mich fühlen würde. Das ist alles fremd für mich«, sagt sie ehrlich und fügt hinzu: »Aber so wie du mir deine Gefühle schilderst, musst du es mit Kathleen einfach mal ausprobieren. Triff dich mit ihr und lass dich fallen.«

»Und Lena? Und Franz?« Ich höre selber, dass meine Stimme klein und hilflos klingt.

Anne bleibt ganz ruhig. »Du musst es ja nicht an die große Glocke hängen. Ein Coming-out mit Paukenschlag, nee, meine Liebe, das kann ich dir jetzt nicht empfehlen. Du sollst keine Lesbe werden, sondern einfach nur eine Erfahrung sammeln. Sei still und genieße. Gönn dir eine Affäre, wenn es dir Spaß macht. Was ist schon dabei? Aber lass dein Leben so weitergehen wie bisher.«

Annes Rat verunsichert mich. Ich soll mich auf eine Affäre mit Kathleen einlassen? Einfach so? Dazu bräuchte ich Mut. Viel Mut. Ich weiß nicht, ob ich den habe. Was ist, wenn es herauskommt? Ich würde mich fürchterlich schämen. Vor Franz, vor meinen Eltern. Ich will doch keine Lesbe sein.

Als Anne schließlich auflegt, bleibe ich noch eine Weile auf meiner schönen Bank am Waldrand sitzen.

Ich lehne mich zurück. Vor mir erstreckt sich ein abgeerntetes Kornfeld. Die Sonne scheint, es ist angenehm warm. Ich schließe die Augen. Was soll ich bloß tun?

»Lass dein Leben so weitergehen wie bisher«, hat Anne gesagt. Den Satz habe ich schon einmal von ihr gehört. Vor genau sechzehn Jahren.

Damals waren wir jung, studierten im Osten und hatten keine Ahnung, welche Pirouetten wir im Leben noch drehen würden.

KAPITEL 2

»Wer ist das denn?« Ich stupse meine Freundin Anne an und nicke mit dem Kopf unauffällig in Richtung Tresen. »Guck mal, der Typ da drüben sieht aus, als käme er geradewegs aus einem Wildwestfilm.«

Anne zwinkert mir lachend zu. »Wir können ja mal nachsehen, ob er draußen sein Pferd angebunden hat«, scherzt sie und reckt den Hals, um trotz des Getümmels den ungewöhnlichen Besucher ganz genau mustern zu können.

Es ist Fasching, und wir feiern in der Mensa unserer Ingenieurschule in Beichlingen. Die Musik dröhnt. Es gibt Bier und Würstchen, die Stimmung ist ausgelassen.

Nur Anne und ich stehen zurückgezogen in einer Ecke und beobachten kichernd unseren Cowboy, wie Anne den Fremden übermütig getauft hat.

Er sitzt mit Steffen, dem Chef unserer Dorfkneipe, am Tresen und scheint tatsächlich aus einer anderen Welt zu kommen. Sein Aussehen beeindruckt mich. Er ist groß, kräftig, geschätzte fünfundvierzig Jahre alt und trägt Jeans, Karohemd, dazu eine dunkelbraune Lederjacke und Cowboystiefel. Aber das Verrückteste ist dieser abgewetzte Lederhut, den er gerade lässig über eine Stuhllehne hängt.

»Ich wette mit dir, dass er aus dem Westen kommt«, sage ich zu Anne. »Sieh dir mal die dicke Uhr an. Die kostet doch ein Vermögen.«

Ich trinke einen Schluck Wermut und mustere weiter gebannt den merkwürdigen Faschingsgast. Er hat kurze, dunkle Haare, breite Wangenknochen und eine markante Nase. Seine Augen blitzen hellwach. Mir gefallen der Schnäuzer und die für die Jahreszeit ungewöhnlich gebräunte Haut, außerdem mag ich die Art, wie er dort auf dem schmalen Barhocker sitzt: selbstbewusst, geradezu siegessicher. Er wirkt wie ein Abenteurer, der die ganze Welt gesehen hat. Ich bin fasziniert. So ein Mann hat sich noch nie in unser Sechshundert-Einwohner-Dörfchen verirrt. Dabei haben wir schon viele irre Typen hier gesehen. Zumindest in den letzten Monaten.

Es ist der 19. Februar 1990. Vor drei Monaten haben sich die Grenzen geöffnet, und seitdem ist hier in Thüringen nichts mehr, wie es einmal war in unserer DDR.

Niemand weiß, wie es weitergeht. Alles, woran wir geglaubt haben, wird gerade über den Haufen geworfen. Man kann uns nicht einmal sagen, ob unser Studienabschluss an der Ingenieurschule für Veterinärmedizin überhaupt anerkannt wird oder ob alles umsonst war, was wir bislang hier gelernt haben.

Es ist die Zeit des ganz großen Umbruchs, und jeder Tag überrascht uns mit neuen Nachrichten, Bildern und Eindrücken. Weil wir längst nicht mehr wissen, was wir davon halten sollen, ziehen wir uns zurück ins lustige Studentenleben. Wir feiern einfach ein Fest nach dem anderen und genießen die unbeschwerte Zeit, schon ahnend, dass sie bald vorbei sein wird.

~

Ich komme aus Wettin, einem verträumten Städtchen an der Saale. Zweitausendvierhundert Einwohner, malerische Burg, Kopfsteinpflaster, überwiegend kleine Fischerhäuschen, in deren Vorgärten Rosen blühen. Die reinste Idylle! Etwas Trubel entsteht nur durch die Fährverbindungen über den Fluss.

Während meiner Kindheit arbeitet mein Vater als Kfz-Mechaniker-Meister auf der LPG, meine Mutter als Näherin im VEB Lederwaren. Wir haben ein großes Haus mit Garten. Ich bin Einzelkind und werde von meinen Eltern liebevoll umsorgt, sie erfüllen mir jeden Wunsch. Zu meinem neunten Geburtstag bekomme ich einen supersüßen Bernhardiner geschenkt, den ich auf den Namen Pirat taufe. Fortan bin ich tagsüber stundenlang mit ihm im Wald unterwegs, und nachts vertraue ich ihm meine geheimsten Gedanken an. Ich liebe ihn. Überhaupt sind Tiere meine große Leidenschaft. Wir haben Schafe, Kaninchen, Katzen, Hühner und viele Schweine.

»Ich werde Tierärztin«, beschließe ich schon mit elf Jahren, nachdem ich mit meinem Hund zum Impfen beim Tierarzt unserer LPG gewesen bin. Danach verpflastere ich Pirat bei jedem noch so kleinen Kratzer und lege ihm Verbände an. Zum Üben!

Doch damit mein sehnlichster Berufswunsch auch in Erfüllung gehen kann, muss erst die Leistung stimmen. Ich strenge mich entsprechend an und absolviere die Polytechnische Oberschule mit Traumnoten. Und das, obwohl ich jeden Tag zwei Stunden Schießen übe; mein Vater hat mir eigens einen Schießraum für Luftgewehre eingerichtet. 1983 wird mein Ehrgeiz belohnt: Ich werde DDR-Meisterin im Sportschießen in der Altersgruppe der Vierzehn- bis Achtzehnjährigen.

Anschließend werde ich zur Erweiterten Oberschule delegiert. Ich will unbedingt das Abitur machen, denn sonst kann ich nicht studieren. Aber ich brauche auch hier wieder Bestnoten.

»Du packst das«, meint meine Mutter, und ich bin zuversichtlich. Doch die Studienplätze sind begrenzt: Von fünfundsiebzig Schülern darf nur einer an die Tierärztliche Hochschule nach Leipzig. Das heißt zwei Jahre Leistungswettkampf. Wie im Sport muss man auch in der Schule die Konkurrenz ausstechen. Ich bin bereit. Ich habe ja ein Ziel. Und meine Chancen stehen gut.

Doch dann geht es in einer Elternversammlung plötzlich um die Parteizugehörigkeit, und mein Vater steht auf, sagt: »Damit habe ich nichts zu tun«, und geht. Peng! Das war's! Den Studienplatz kann ich abhaken.

Am nächsten Morgen sitzen meine Eltern bedröppelt in der Küche. Wir wissen alle drei, was das heißt. So eine Aktion gegen das Regime kann ich auch mit einem Meistertitel und einer glatten Eins im Abschlusszeugnis nicht wettmachen.

Leipzig muss ich also vergessen. Eine Mitschülerin, deren Vater strammes SED-Mitglied ist, kriegt den Studienplatz.

Natürlich bin ich traurig, aber ich bin auch flexibel genug, um mich mit einem anderen Weg anzufreunden. An der Ingenieurschule in Beichlingen kann ich sofort nach dem Abitur anfangen und meinen Abschluss als Veterinäringenieurin machen. Es ist nur ein kleiner Umweg auf dem Weg zum Ziel, denn als fertige Ingenieurin kann ich später auf jeden Fall Tiermedizin studieren – und mit Zustimmung vom Rat des Kreises vielleicht sogar die ersehnte Tierarztstelle in Wettin übernehmen. Unser derzeitiger Tierarzt will in ein paar Jahren in den Ruhestand gehen. Es könnte also doch noch klappen. Ich glaube weiterhin an meinen Traum.

Im September 1987 ziehe ich nach Beichlingen bei Erfurt, achtzig Kilometer von Wettin entfernt. Meine Eltern bringen mich in unserem beigefarbenen Trabi hin. Ich bin das erste Mal von zu Hause weg. Als sie gehen, heule ich.

Mein Zuhause ist jetzt ein Zimmer im Studentenwohnheim: zwei Betten, zwei kleine Schreibtische, zwei Spinde auf zwölf Quadratmetern, Duschräume und Toiletten auf den Etagen.

Ich habe Glück und finde schnell eine Freundin: Anne. Sie ist genauso alt wie ich und kommt aus Chemnitz. Als Erstes absolvieren wir ein Vorpraktikum im Rinderstall einer LPG. Melken, füttern, Stall säubern, das sind unsere Aufgaben. Wir werden gut bezahlt und können vom ersten selbstverdienten Geld fast jeden Abend um die Häuser ziehen.

Damals habe ich eine Affäre mit Karl, einem Bauarbeiter, der auf der LPG arbeitet. Er ist zwölf Jahre älter als ich und verheiratet. Es ist das Verbotene, das mich mehr reizt als Karl selber. Wir treffen uns im Stall, meist abends. Wenn er angeblich noch mal nach dem Mauerwerk sehen muss, erwarte ich ihn schon in einer der Boxen. Es geht nicht um Liebe, nein, nur um Sex. Karl ist mein erster Liebhaber, und es tut mir gut, dass er ein erfahrener Mann ist.

»Ich habe regelmäßig einen Höhepunkt«, schwärme ich Anne von seinen Qualitäten vor. Die kichert jedes Mal vergnügt: »Wenn du ihn nicht mehr willst, gib ihn mir. Mit so einem Stier möchte ich auch gern mal in den Stall.«

Es ist eine wilde Zeit damals. Die Eltern und Wettin sind eine Autostunde entfernt. Ich schmecke zum ersten Mal Freiheit und nehme mir reichlich davon. Als im zweiten Semester das Studium richtig beginnt, müssen wir schon ziemlich büffeln. Aber die Kraft reicht, um an den Wochenenden in der »Clubi« der Mensa oder der Studentendisco kräftig zu feiern. Oft treffen wir uns auch in Steffens Dorfkneipe. Es ist ein schlichtes kleines Gasthaus im Herzen von Beichlingen. Oben gibt's einen Saal für den Dorftanz, unten kann man Kleinigkeiten essen, Karlsbader Stulle, Bockwurst, Broiler. Dazu dudelt Musik aus dem Radio. Steffen ist mit seinen fünfundzwanzig Jahren kaum älter als wir und schon ein Gaststättenleiter wie aus dem Bilderbuch. Immer freundlich, wir können anschreiben, und er sieht nur das, was er sehen soll. Wer sich mit wem wo getroffen hat? Steffen kriegt das nicht mit, darauf kann man sich verlassen.

Dann kommt die Wende und bringt alles durcheinander. Natürlich setzen wir uns am Tag nach dem Mauerfall sofort ins Auto und düsen in den Westen. Wie elektrisiert renne ich durch Goslar und gebe das begehrte Begrüßungsgeld, die hundert Westmark, für einen dicken Winterpullover in Leuchtfarben aus. Ein grässliches Stück! Aber wir sind wie betäubt. Was von drüben kommt, ist gut. Basta!

Erst später merken wir, dass uns das Ende der DDR nicht nur die ersehnten Westwaren bringt, sondern auch unser Lebensbild auf den Kopf stellt.

»Den Beruf Veterinäringenieur gibt es im Westen gar nicht«, sagt unser Dozent. »Ich weiß nicht, ob Sie damit noch etwas anfangen können.«

Was jetzt?

Wir sind alle zutiefst verunsichert. Natürlich trägt uns die Begeisterung über das Neue, das bislang Unerreichbare, das jetzt greifbar ist, wie im Rausch durch die Zeit. Aber wir ahnen, dass es nicht beim Rausch bleiben kann. Es gibt ein uns völlig fremdes politisches System, in das wir irgendwie hineingedrückt werden müssen. Und keiner hat eine Vorstellung, wie das gehen soll.

»Mach weiter. Die sagen dir schon, was zu tun ist«, meint Mama am Telefon. Das gibt mir Halt. Einfach weitermachen. Trotz Wende und täglich neuer Nachrichten. Das werde ich. Das ist bequem, und ich gewinne Zeit.

Tagsüber besuchen wir weiter unsere Vorlesungen, abends treffen wir uns bei Steffen zum Diskutieren, Trinken, Quatschen, Feiern – und zum Beobachten. Denn fast täglich verirren sich Fremde in das kleine Lokal. Wessis, die Geschäfte machen wollen, mit Versicherungen, Immobilien und Autos.

Und jetzt ist da dieser Typ mit dem Cowboyhut, der sich gerade ganz lässig das dritte Bier bestellt und zum Bezahlen beiläufig die Münzen aus der Hosentasche kramt.

»Das ist Steffens Onkel«, flüstert Anne mir aufgeregt ins Ohr. »Das habe ich vorhin gehört. Der kommt irgendwo aus der Nähe von Würzburg.«

»Was der wohl hier will?«, frage ich.

Anne zuckt mit den Schultern. »Vielleicht uns Ossis Autos verkaufen? Ach was, Pferde. Willst du eins?«

Ich atme tief durch und nehme einen kräftigen Schluck von meinem Wermut. »Weißt du was, ich frage ihn einfach«, sage ich mutig.

Und dann gehe ich schnurstracks durch den Saal auf den Tresen zu, an dem der Cowboy mit Steffen hockt.

»Kann ich mich setzen?«, frage ich betont forsch und ziehe mir, ohne die Antwort abzuwarten, einen Hocker heran. »Ich bin Karina, und du?«

Der Fremde sieht mich durchdringend an. Ein Blick, der mich direkt ins Mark trifft. Meine Augen flackern nervös. Der Cowboy schweigt und mustert mich unverhohlen.

»Ich bin Franz«, sagt er schließlich, und ich glaube, um seinen Mund ein Lächeln zu sehen.

Das stachelt meinen Mut an. Ich bohre weiter. »Wo kommst du her? Und was führt dich nach Beichlingen?«

Franz ist plötzlich erstaunlich offen. Wir reden lange. Er kommt aus Bad Kissingen, ist gelernter Bautechniker und hat bis vor kurzem mit seinem Bruder einen Betrieb für Rohrleitungsbau geführt. Davor war er in Südamerika, genauer gesagt in Venezuela, und hat dort viele Jahre für eine deutsche Firma als Bauleiter gearbeitet.

Ich bin begeistert, denn damit sind wir bei einem meiner Lieblingsthemen gelandet. Ich bin Technikfan und kann in vielen Bereichen wirklich mitreden. Mein Vater hatte sich offenbar einen Sohn gewünscht, jedenfalls hat er jahrelang mit mir an Maschinen gebastelt. Ich kann einen Motor in Windeseile auseinander- und wieder zusammenbauen. Da macht mir kein Mann etwas vor, auch dieser Franz nicht. Ich frage ihn, womit er im Rohrleitungsbau arbeitet, und er ist überrascht, weil er sofort heraushört, dass ich mich auf dem Gebiet auskenne.

Ich bin hin und weg von der dunklen Stimme, der Art, wie er erzählt. Hier sitzt ein Mann von Welt. Er redet von Venezuela, als wäre es der Spreewald, so vertraut, so gelassen. Ich hänge förmlich an seinen Lippen.

Anne hat sich inzwischen zu uns an den Tresen gesetzt und hört Franz ebenfalls gebannt zu. Wir, die Mädchen aus der Provinz, hocken vor ihm wie zwei blauäugige Häschen, denen der Fuchs die Welt erklärt.

Ich habe es in meinem bisherigen Leben gerade mal bis nach Berlin geschafft, Anne war wenigstens schon mal an der Ostsee, aber mit mehr können wir nicht punkten. Und jetzt taucht hier einer auf, der Südamerika wie seine Westentasche kennt. Das imponiert uns mächtig. Richtig spannend wird es, als er beginnt, kleine Anekdoten zu erzählen, in die er spanische Vokabeln einfließen lässt.

Für uns ist das alles wie im Film, vollkommen unwirklich. Ich spüre, wie ich mich bei jedem seiner Sätze mehr in ihn verliebe, und als er mir einmal beim Erzählen seine kräftige Hand auf den Arm legt, durchzuckt es mich wie bei einem Stromschlag. Meine Güte, ist der Mann sexy!

»Kommt ihr noch mit zu mir?«, fragt Steffen.

Es ist schon halb elf. Wir nicken. Auch Franz will mit. Für einen Moment schwebe ich wie auf Wolken.

~

Als wir bei Steffens Kneipe ankommen, sehe ich neben dem Haus ein schneeweißes Wohnmobil stehen. Riesengroß, luxuriös, so ein Gefährt, wie ich es nur aus dem Fernsehen kenne.

»Ist das etwa deins?«, frage ich ungläubig.

Franz nickt.

»Kann ich mal damit fahren?«, meine ich schnell und finde mich eine Spur zu frech.

Er lächelt, legt mir vertraut den Arm um die Schulter. »Mal sehen, wenn du lieb bist!«

Der Abend in der Dorfkneipe wird lang. Wir trinken jede Menge Bier. Steffen legt Hits von Drafi Deutscher auf, immer wieder »Marmor, Stein und Eisen bricht«.

Die Stimmung ist fröhlich, ein paar Leute tanzen, ein Pärchen knutscht an der Theke.

Wir sitzen in einer Polsterecke. Franz hat den Arm wieder um meine Schulter gelegt. Er spricht wenig, schenkt sich nur ständig neues Bier nach.

»Ich gehe nach Hause«, ruft Anne irgendwann und zwinkert mir beim Abschied vielsagend zu.

»Ich bleibe«, murmele ich, und Franz zieht mich noch ein bisschen dichter zu sich heran. Er riecht nach Zigaretten und Alkohol. Ich mag das. Es ist so männlich.

»Bist du eigentlich verheiratet?«, will ich wissen.

Franz brummt: »Geschieden.« Dann erzählt er von seiner Exfrau, mit der er drei Kinder hat, alle älter als ich. Er habe keinen Kontakt zu ihnen. Nach der Trennung von ihr habe es noch eine andere Frau gegeben. Warum das auseinandergegangen sei, frage ich. Franz schweigt. Er will nicht darüber reden.

»Ist alles schon ein paar Jährchen her«, sagt er nur und betont dann: »Ich bin frei.«

»Ich auch«, sage ich leise.

Die Worte werden zum Startzeichen. Franz stellt sein Bier ab, zieht mich an sich und küsst mich. Nicht flüchtig, nein, sein Kuss hat etwas Forderndes, Bestimmendes. Fast schon hart schiebt er mir seine Zunge zwischen die Lippen und lässt zeitgleich seine warme Hand unter meinen Pulli gleiten. Seine Finger ertasten meine Brüste, und ich spüre, wie mir jede seiner Berührungen pure Lust durch den Körper jagt. Ich lasse es nicht nur geschehen, nein, ich erwidere seine Zärtlichkeiten, und wir knutschen lange. Wild, leidenschaftlich.

Irgendwann schiebe ich meine Arme unter seine Lederjacke und schmiege mich ganz fest an ihn. Er ist groß, muskulös, ein Traummann.

»Bleibst du heute bei mir?«, raunt Franz mir ins Ohr und lässt dabei seine Zunge zärtlich über meine Ohrmuschel gleiten. Ich stöhne leise auf. Meine Güte, ist das ein Mann!

»Ja, klar«, seufze ich selig. Ich bin hin und weg von diesem Mann, dem Reiz der großen Welt und sicherlich auch von einer Flasche Bier zu viel.

~

Es ist bitterkalt in dieser Februarnacht. Aus der Kneipe dröhnen Karnevalsschlager. Das Wohnmobil glitzert im Mondlicht. Franz sagt kein Wort, als er die Tür öffnet. Stumm schiebt er mich ins Innere. Ich stehe direkt vor einer großen Schlafliege, die schon ausgeklappt ist. Die Tür fällt ins Schloss. Stille.

Franz drückt mich sofort auf das Bett, beugt sich über mich und öffnet ganz langsam die Knöpfe meiner Bluse. Mein Herz pocht wie wild. Ich erstarre vor Lust und Neugier auf diesen Mann, und als er mir mit einem Ruck die Jeans herunterzieht, schließe ich die Augen voller Erwartung.

Die nächsten Minuten versinken in einem Strudel aus Lust und Hemmungslosigkeit. Franz ist ein ungestümer Liebhaber, wild und einfallsreich. Ich habe in dieser Nacht den besten Höhepunkt meines Lebens. Später kuschele ich mich selig in seine Arme. Die Schule, meine Freunde, alles ist weit weg. Aber ich mache mir auch nichts vor, ich weiß, dass ich für diesen Mann nicht mehr als ein Abenteuer bin. Vermutlich beglückt er jeden Abend eine andere Frau in seinem Wohnmobil. Ich bin eine Episode, mehr nicht.

»Wie lange bleibst du?«, frage ich und bin darauf gefasst, dass er mir die Antwort schuldig bleibt.

»Mal sehen, ein paar Tage. Sehe ich dich morgen?«, fragt er.

Mein Herz hüpft. Er will mich wiedersehen! Ich nehme mir vor, jede Stunde an seiner Seite mitzunehmen. Was danach kommt, ist mir egal. Mit diesem Mann zählt der Moment.

»Ich hab bis zwei Uhr Schule. Bist du abends wieder bei Steffen?«

Franz nickt: »Ja, klar.«

Er sagt kein Wort zu viel, das stört mich irgendwie. Aber egal, ich will ihn morgen wiedersehen. Ihn und sein Wohnmobil. Vielleicht lässt er mich tatsächlich mal damit fahren.

~

Morgens um vier rutsche ich aus seinen Armen zurück in mein Leben. Ich muss ins Wohnheim. Um acht fängt die Schule an, und ich will kein Gerede.

Todmüde, aber innerlich aufgewühlt sitze ich schließlich im Hörsaal. Der Professor liest zum Thema Muskelaufbau beim Rind. In meinem Kopf dreht sich aber alles nur um Franz. Ich will ihn wiedersehen. So schnell wie möglich.

»Das gibt's doch nicht«, zische ich, als ich am Nachmittag mit meiner Simson die Dorfstraße entlangfahre. Der Parkplatz neben der Kneipe ist leer, das Wohnmobil verschwunden. Franz ist einfach abgehauen. Mein Magen verkrampft sich. Ich will das nicht glauben und stürme als Nächstes in die Kneipe, zu Steffen.

»Wo ist Franz?«

Steffen schüttelt den Kopf. »Der ist heute Mittag gefahren.«

»Wohin?«

»Keine Ahnung.«

»Quatsch, du weißt doch, wo dein Onkel hinwill!«

»Mein Onkel? Hat er dir das erzählt?« Steffen schmunzelt.

Ich fühle, dass ich blass werde. »War es gelogen?«

»Ich habe ihn erst gestern kennengelernt, genau wie du. Ich glaube, er handelt mit Autos. Aber nach Häusern hat er auch gefragt.«

»Weißt du wenigstens, wo er wohnt?«

»In seinem Wohnmobil, das hast du doch gesehen. Sonst weiß ich nichts. Noch nicht mal, ob er wirklich Franz heißt. Die Wessis ziehen hier doch in Scharen durchs Land, da braucht man sich die Namen erst gar nicht zu merken. Morgen kommt bestimmt der Nächste. Mal sehen, ob der das Stromkabel brauchen kann, das dein Franz hiergelassen hat.«

»Welches Stromkabel?«

Steffen zeigt in die Küche. »Das hängt über dem Kühlschrank. Franz hat gefragt, ob er seine Geräte mit Strom aus meiner Küche betreiben kann, und dann hat er hier durchs Fenster das Kabel gezogen. Er ist so schnell weggebraust, dass er vergessen hat, es mitzunehmen. Egal, ich kann's ja verkaufen.«

Ich bin traurig. Ein blödes Gefühl, so eiskalt abserviert zu werden. Ich habe mich verliebt und auf eine Beziehung gehofft. Gut, nichts für lange, aber ein paar Tage wäre ich schon noch gern mit ihm durch die Gegend gezogen.

»Gib mir bitte einen Schnaps, den brauche ich jetzt«, sage ich zu Steffen und schütte das bittere Zeug mit einem Schluck hinunter.

~

Traurig zuckele ich später in mein Wohnheim zurück.

Anne ahnt schon, was los ist. »Vergiss ihn – er ist viel zu alt für dich!«

Ich will es nicht hören, entgegne trotzig: »Karl war auch zwölf Jahre älter und noch dazu verheiratet. Franz ist wenigstens frei!«

»Das erzählt er dir. Genauso wie er dir erzählt, dass er ein paar Tage hierbleibt. Komm, Mädchen, ich mache uns was zu essen, und dann vergisst du den Cowboy.«

Es ist schon dunkel, als ich uns noch schnell aus dem Konsum ein paar Würstchen holen will. Ich gehe zu Fuß, ich brauche frische Luft. Kaum komme ich in die Dorfstraße, trifft mich der Schlag. Franz' Wohnmobil steht wieder da. Es ist dunkel. Er muss in der Kneipe sitzen.

Soll ich zu ihm reingehen und mir womöglich eine Abfuhr holen? Oder soll ich einfach weiterlaufen und ihn vergessen?

Ich gehe zurück ins Wohnheim zu Anne.

»Ich habe mich verliebt. Aber hat das überhaupt einen Sinn?«, will ich von ihr wissen, während ich ziemlich zerknirscht auf ihrem Bett sitze.

Anne ist skeptisch. »Zu alt, zu verlebt. Garantiert untreu. Was willst du mit ihm?«

Ich höre ihr zu. Wirklich? Eigentlich nicht. Bilder der gestrigen Nacht schwirren durch meinen Kopf. Dazu der Geruch seiner Haut, die samtige Stimme, die Art, wie er mich geliebt hat. Plötzlich ist sie da, die Sicherheit. Ich muss nicht mehr fragen. Niemanden. Ich bin ein Kopfmensch, aber in dieser Minute entscheidet mein Herz.

»Ich muss noch mal weg!«

~

Franz sitzt in der Dorfkneipe, allein.

»Ich hab mein Stromkabel vergessen«, sagt er zur Begrüßung.

»Nur das Stromkabel?«, sage ich und setze mich zu ihm.

Er nimmt meine Hand und legt sie auf sein Knie. Franz braucht nicht viele Worte. Wir sind ein Paar.

In den kommenden Wochen genießen wir die Liebe. Franz lebt im Wohnmobil, ich mal bei ihm, mal im Wohnheim. Wir reden viel. Franz ist nach Streitereien aus dem Betrieb in Bad Kissingen ausgestiegen und jetzt auf der Suche nach einer neuen Existenz.

»Im Osten sind Goldgräber gefragt«, sagt er immer. Ich weiß nicht richtig, was er damit meint, aber ich höre ihm zu. Und wir schmieden Pläne. Franz schwärmt von einer eigenen kleinen Bar, ich von der großen, weiten Welt. Ich möchte etwas sehen. Spanien. Italien. Einfach unterwegs sein.

Ein paar Wochen lang leben wir unser Glück in Beichlingen. In der Schule fühle ich mich immer fremder, die schlechten Perspektiven bedrücken mich. Hat es überhaupt Sinn, einen Abschluss zu machen? Mit Franz lerne ich, dass man auch ganz anders leben kann. Ohne Sicherheit und abseits der vorgezeichneten Wege. Man kann einfach Chancen ergreifen, die sich bieten. Einfach machen, statt lange zu planen. All das erzählt mir Franz.

Ich mag, was er sagt. Wir leben in Zeiten des Umbruchs. Der bislang so feste Boden unter meinen Füßen gerät zunehmend ins Wanken. Wettin und die ersehnte Tierarztstelle auf der LPG, ist das überhaupt noch aktuell? Meine Ziele rutschen weg. Warum soll ich auf eine Arbeit in der LPG hinarbeiten, wenn es die LPGs bald gar nicht mehr gibt? Soll ich überhaupt noch an all dem alten Kram festhalten? Mit Franz steht mir die Welt offen. Vielleicht geht er mit mir nach Südamerika. Vielleicht eröffnen wir irgendwo ein Restaurant. Warum nicht im Süden, wo immer die Sonne scheint? Franz spricht sogar Spanisch. Die bislang so riesengroße Welt wird kleiner. Vieles von dem, was mir immer unerreichbar erschien, ist jetzt zum Greifen nah. Was früher war, das ist vorbei. Aber es gibt eine Zukunft!

KAPITEL 3

»Ich haue ab«, sage ich zu Anne, reiße im selben Moment meinen Schrank auf und werfe meine Sachen in den Koffer.

»Wo willst du hin? Was ist los?« Anne sieht mich ratlos an.

»Franz und ich machen irgendwas Neues. Vielleicht verkaufen wir Autos. Vielleicht machen wir eine Kneipe auf. Ich weiß es nicht, ich weiß nur, dass ich wegwill. Ich gehe meinen Reiseschein holen, fahre nach Hause und packe noch ein paar Sachen, dann geht's los.«

Meine Stimme überschlägt sich. Ich bin nicht mehr zu halten.

Zum Abschied drücke ich Anne. »Ich rufe dich an, vielleicht aus Südamerika.«

Dann bin ich weg. Franz steht mit laufendem Motor vor dem Wohnheim.

Eine Stunde später kommen wir bei meinen Eltern an. Ich gehe extra vormittags ins Haus, damit Papa nicht da ist. Ich weiß nicht, wie er reagieren würde, wenn er von Franz erführe und mitbekäme, dass ich das Studium abgebrochen habe. Mein Vater ist fünfundvierzig Jahre alt, Franz fünfzig. Wie soll ich ihm das erklären?

Meiner Mutter sage ich, dass ich wegwill. Sie stellt Fragen. Wohin? Warum? Mit wem?

Ich erzähle von Franz, dass er draußen wartet und wir erst mal in den Westen starten.

Sie weint. »Dein Studium, Karina, denk an die Zukunft!«

Ich will nicht reden. Ich will nicht aufgehalten werden. Ich will nur weg. »Mama, nun lass doch. Ich melde mich.«

Aber vorher will sie Franz kennenlernen, unbedingt. Sie kocht uns Kaffee. Ich hole ihn, und wir sitzen zu dritt am Esstisch. Mama kriegt kein Wort heraus. Franz erzählt von seinen Auslandsjahren, den Geschäften, wie schön er Wettin findet.

Nach einer Stunde ist der Spuk vorbei, wir wollen los. Die Situation ist unwirklich.

Meine Mutter steht fassungslos in der Tür, mit rotgeweinten Augen, und sagt: »Meine einzige Tochter bricht ihre Ausbildung ab und düst mit einem wildfremden Mann, der ihr Vater sein könnte, irgendwohin. Wie soll ich das Papa erklären?«

Sie tut mir leid. Ich liebe sie, aber ich muss gehen. Es gibt kein Zurück.

»Ich melde mich, Mama. Und grüß Papa. Ich hab euch lieb«, rufe ich aus dem fahrenden Auto und winke ihr so lange zu, bis sie nicht mehr zu sehen ist.

»Bist du traurig?«, will Franz wissen.

»Klar«, sage ich mit einem dicken Kloß im Hals. »Aber ich kann nicht hierbleiben. Die Welt wartet auf mich.«

~

»In zwei Stunden sind wir in Lyon!«

Ich sitze am Steuer des Wohnmobils und lenke das Schiff über die Autobahn durch Frankreich. Der Motor brummt gleichmäßig, aus dem Radio dudelt Country-Musik. Ich bin glücklich. Dabei ist immer noch alles so unwirklich. Ich habe nur das bisschen Geld, das mir meine Mutter zugesteckt hat, und nicht einmal richtige Papiere, sondern nur meinen DDR-Reiseschein.

Vor der Grenze übergebe ich Franz wieder das Steuer und verstecke mich im Klo. Ich habe Angst, dass mir die Zöllner Stress machen könnten. Wir wissen beide nicht, wie die Grenzbestimmungen für uns Ex-DDRler jetzt sind.

Aber alles geht glatt. Ich bin erleichtert und freue mich auf die Zeit, die vor mir liegt, mein Leben mit Franz. Und ich genieße es, dass wir morgens nicht wissen, wo wir abends das Wohnmobil abstellen und übernachten werden. Wir lassen alles auf uns zukommen, leben in den Tag hinein. Ohne Planung, ohne Sicherheit.

Dass dieses Leben riskant für mich ist, weil ich vollkommen abhängig bin von Franz, verdränge ich. Dabei gibt es so vieles an ihm, das ich nicht verstehe. Er kann herzlich und zugewandt sein, lustig und unterhaltsam. Wenn er einen Raum betritt, ist der gefüllt. Er hat einfach eine wahnsinnig intensive Ausstrahlung. Wenn er redet, hängen alle an seinen Lippen. Doch wehe, es geht um seine Gefühle. Dann macht er sofort dicht.

»Ich liebe dich!« – wie gerne möchte ich das einmal von ihm hören. Aber Franz sagt es nicht. Er verliert sich nicht in Gefühlsduseleien. Bei ihm muss man sich vieles denken.

Ein Händedruck, die Wärme, wenn er seinen Arm um mich legt, die vielen »Wirs«, die ihm in den letzten Wochen über die Lippen gekommen sind, all das heißt wohl, dass ich ihm viel bedeute. Und in den Nächten weiß ich auch, dass er mich will. Da lässt er mich spüren, dass er mich begehrt, ja liebt, einfach nicht ohne mich sein will.

Aber mit zärtlichen Worten geht Franz sparsam um. Sätze wie »Du siehst hübsch aus« oder »Ich bin froh, dass du zu mir gehörst«, die habe ich aus Franz' Mund noch nicht gehört.

Mir fehlt das. Es würde mir Sicherheit geben. Aber Franz schweigt, und im Moment bleibt mir nichts anderes übrig, als ihn so zu nehmen, wie er ist. Doch ob mir das dauerhaft gelingen wird? Ob ich seine äußere Kühle und Distanziertheit für immer ertrage? Ich weiß es nicht.

~

»Wir fahren über eine der schönsten Küstenstraßen der Welt«, sagt Franz und lenkt das schwere Auto geschickt an der berühmten Costa Brava entlang. Vor uns liegt die Touristenmetropole Lloret de Mar. In der Umgebung sind die schneeweißen Häuser wie Vogelnester an die Felsen geklebt. Das Mittelmeer schimmert türkisblau. Am Horizont ziehen zwei Schiffe vorbei. Ich habe eine so malerische Natur noch nie gesehen und kann nicht genug von dem Anblick bekommen.

Dazu die Palmen, das üppige Grün, die milde Frühlingssonne. Für mich ist Spanien das Paradies. All die Jahre haben wir in der DDR von solchen Zielen nur träumen können.

»Irgendwann fahren wir mal ans Schwarze Meer nach Bulgarien, da blühen die Orangenbäume, und es gibt Palmen«, hat mein Vater immer gesagt. Mama und ich haben es gehört, aber nicht wirklich daran geglaubt. Palmen und Orangen, das waren Pflanzen aus einer anderen Welt.

Und jetzt bin ich da, in dieser Welt! Franz steuert das Wohnmobil ruhig durch die engen Kurven, und ich sehe aus dem Fenster und bin einfach nur glücklich.

»Ich möchte immer weiterfahren, am liebsten einmal um die ganze Welt. Das ist alles so schön, so unfassbar schön«, schwärme ich und bin mir ganz sicher, dass ein wunderbares Leben vor mir liegt. Gut, Franz macht manchmal komische Scherze mit mir, versucht, mich zu ärgern, dem dummen Ossi-Mädchen eins auszuwischen. Dann kauft er mir Unmengen Bananen und meint, ich solle mich endlich mal satt essen. Diese typischen Wessi-Witze eben, an denen die Menschen jenseits der Mauer neuerdings ihren Spaß haben. Ich nehme ihm das nicht wirklich übel. Es gehört zur Zeit des Umbruchs dazu, dass man sich über uns lustig macht. Irgendwann werden die im Westen schon merken, dass wir nicht nur die Doofen sind.

Mit Franz an meiner Seite kann mir nichts mehr passieren. Ich liebe ihn.

~

»Mittelmeer, ich komme!«, rufe ich, so laut ich kann, und reiße mir Hose und Pulli vom Körper. Mit rudernden Armen laufe ich in Unterwäsche über den weißen Strand Richtung Meer.

Es ist früh am Vormittag. Gestern Abend haben wir an diesem herrlichen Strandabschnitt unser Wohnmobil geparkt und sind nach zehnstündiger Autofahrt sofort todmüde ins Bett gefallen.

Im Morgengrauen höre ich das Meeresrauschen und schnuppere die Seeluft. Später kitzelt mich die Sonne wach, und dann bin ich nicht mehr zu halten. Ich renne über den Parkplatz, die Böschung hinunter über den breiten Strand zum Meer.

»Warte, ich komme mit«, höre ich Franz rufen. Er ist mir dicht auf den Fersen. Mit seinen weiten Shorts sieht er lustig aus. Als er mich einholt, nimmt er meine Hand, und wie die Kinder stürmen wir ausgelassen ins Wasser. Es ist noch eiskalt, aber das spielt keine Rolle.

»Ich bade im Mittelmeer, ich, Karina aus Wettin. Ach, Franz, das ist so schön!«, rufe ich und könnte heulen vor Glück.

Nach ein paar Zügen schwimme ich zu ihm, schlinge meine Arme um ihn und küsse ihn. Eng umschlungen lassen wir uns im Meer treiben, von den sanften Wellen schaukeln. Ich schließe die Augen und möchte die Welt anhalten.

So sehr genieße ich diesen Moment. Jetzt tanzen Franz' Hände auf meiner Haut, seine Lippen, seine Zunge, und ich spüre, wie die Erregung meinen Körper erfasst. Wir sind allein, ich lasse mich fallen. In die Lust, die Liebe, in ein Leben, das so ganz anders ist als bisher.

Minuten später liegen wir erschöpft im weißen Sand, wie zwei Fische, die das Meer ans Ufer gespült hat. Die Sonne streichelt unsere nasse Haut. Ich fühle den Sand, schmecke Salz und genieße, dass mit jeder Welle das kalte Wasser meinen Rücken massiert. Es riecht nach Meer und Frühling, und wenn ich die Augen öffne, sehe ich nur das tiefe Blau des Himmels.

»Bist du glücklich?«, frage ich und warte vergebens auf eine Antwort.

Franz schweigt, wie immer, wenn ich ihn auf Gefühle anspreche. »Ich mache uns Kaffee«, sagt er und springt auf.

Ich muss schmunzeln. Typisch Franz.

Sekunden später höre ich ihn schreien. Um Himmels willen! Was ist passiert?

~

Sie sind zu viert, zwei Männer und zwei Frauen, und sie greifen Franz an. In wenigen Sprüngen bin ich zurück auf dem Parkplatz. Franz blutet schon. Die beiden Typen prügeln wie Wahnsinnige auf ihn ein. Ich springe dem einen auf den Rücken und reiße ihn an den Haaren. Eine Faust knallt mir ins Gesicht. Ich rutsche seitlich weg.

»Pass auf, Karina!«, brüllt Franz.

Als ich mich umdrehe, sehe ich, dass eine der Frauen mit

einem Knüppel auf mich zustürmt. Ich habe Angst. Wir werden überfallen, und weit und breit ist niemand, der uns helfen kann. Alles geht blitzschnell. Ich kriege die Metallstange unserer Markise zu fassen, zerre sie aus der Verankerung und schlage damit wie eine Wilde um mich. Eine helle Frauenstimme schreit auf. Ich weiß nicht, ob ich sie getroffen habe. Aus den Augenwinkeln sehe ich etwas Dunkles auf mich zukommen. Ein Ast? Ich will mich wegducken, doch zu spät! Ein brennender Schmerz durchzuckt meinen Arm. Franz röchelt. Meine Güte, wollen die uns umbringen? Jemand stößt mir in den Rücken, ich fliege in den Sand und kriege keine Luft. Was ist los? Ich schmecke Blut. Ist das das Ende? Türen schlagen, ein Motor heult auf, Reifen quietschen. Stille!

»Sie sind weg«, sagt Franz und hustet fürchterlich. Ich weiß nicht mehr, wo ich bin. Mein Herz rast wie verrückt, und ich zittere am ganzen Körper. Franz sieht furchtbar aus. Sein Kopf, sein Oberkörper, die Arme, alles ist blutverschmiert. Ich will aufstehen, mich abstützen, aber mein rechter Arm knickt ein. Er tut höllisch weh. Franz taumelt zum Wohnmobil. Die Tür steht auf, und unsere Kleidung ist davor verstreut.

»Sie haben uns ausgeraubt, die Schweine«, schimpft Franz und hangelt sich mühsam mit beiden Händen in den Wagen.

»Wir müssen zum Arzt«, sage ich nach einem Moment der Schockstarre und breche in Tränen aus. Ich bin total fertig. »Meine Güte, warum gerade wir?«, schluchze ich. »Was haben wir denen denn bloß getan?«

Franz steht vor mir und wischt sich mit einem Hemd das Blut ab. Er sieht entsetzlich aus, richtig entstellt. Eine Augenbraue ist aufgeplatzt, die Lippen auch, der rechte Wangenknochen ist dunkelrot und angeschwollen.

Franz lässt sich zu mir in den Sand fallen, in der Hand eine Flasche Bier. »Hier, trink erst mal. Das wird dir guttun.«

Dankbar nippe ich an der Flasche. »Was fehlt denn?«, will ich wissen.

»Das Werkzeug, meine Uhr, die paar DDR-Mark von dir, meine Brieftasche. Aber das Wichtigste ist noch da, das haben die Ratten nicht gefunden: mein Geld. Die Idioten haben mein Geld nicht gekriegt! Wir sind gerade noch rechtzeitig gekommen«, meint er, und seine Stimme klingt triumphierend.

»Welches Geld?«

»Ach, Karina, das erzähle ich dir später. Jetzt gucken wir uns erst mal deinen Arm an.«

»Welches Geld, Franz? Deine Brieftasche ist doch weg.«

Franz lächelt mich an. »Meinst du, ich fahre mit zweihundert Mark in den Süden? Ich habe fünfzigtausend D-Mark dabei, aber gut versteckt. Das findet niemand.«

Ungläubig sehe ich Franz an.

»Soll das heißen, dass wir die ganze Zeit mit so viel Geld durch die Gegend fahren? Franz, das ist doch Wahnsinn!«

»Finde ich nicht«, sagt er und wirkt jetzt ganz entspannt. Er lächelt sogar, verzieht aber gleich darauf das Gesicht. Seine vielen Wunden schmerzen.

»Wir müssen zum Arzt und danach zur Polizei«, sage ich. »Diese Schweine dürfen nicht davonkommen.«

Franz schüttelt den Kopf. »Wir können nicht zum Arzt und schon gar nicht zur Polizei. Vergiss nicht, du bist illegal hier. Du hättest doch für Spanien ein Visum gebraucht. Wir müssen sofort zurück nach Deutschland, damit du Hilfe bekommst. Der Arm sieht gebrochen aus.«

~

Wir trinken noch einen Abschiedskaffee in der nächsten Bar. Franz sieht zum Fürchten aus. Sein Gesicht ist angeschwollen, die Wunden von mir verpflastert. Ich halte meinen schmerzenden Arm fest.

Zwei Einheimische sprechen uns mitleidig an und klären uns auf. Überfälle am Strand seien häufig, man solle eben nicht wild campen, davor würde doch überall gewarnt. Die Täter würden so gut wie nie gefasst. Das nächste Mal sollten wir vorsichtiger sein.

Ein nächstes Mal wird es nicht geben.

»Ich will nach Hause, dorthin, wo man nicht am helllichten Tag mit Knüppeln zusammengeschlagen wird«, jammere ich.

Franz nimmt mich in den Arm. »Okay, ich fahre die Nacht durch. In spätestens zwei Tagen bist du in einer Klinik.«

Unsere erste Station in Deutschland ist Freiburg. Der Arzt in der Uniklinik bestätigt Franz' Verdacht. Mein Arm ist gebrochen und muss eingegipst werden. Für vier Wochen!

~

»In den letzten Tagen habe ich meinen Traum von der großen, weiten Welt verloren«, erzähle ich Franz in gedrückter Stimmung.

»Macht nichts, dann hast du Platz für neue Träume«, entgegnet er optimistisch.

Wir haben uns auf einem Campingplatz an der Dreisam eingebucht und sitzen jetzt in einem nahe gelegenen Weinlokal. Es ist Mai 1990 und schon sommerlich warm. Der dicke Gips wird bei der Hitze allerdings zur Qual. Die Haut darunter juckt, und ich kann nicht kratzen.

»Denk nicht ans Kratzen, sondern daran, was wir jetzt machen«, holt mich Franz aus meiner wehmütigen Stimmung.

Er hat ja recht. Nach unserem Schockerlebnis am Strand brauchen wir ein neues Ziel.

»Was möchtest du denn machen?«, frage ich Franz. »Wie soll es weitergehen?«

Wir trinken nicht wenig und schmieden Pläne. Vom Ausland haben wir genug, wir wollen in Deutschland leben. Aber wovon? Franz spricht vom Autohandel, damit hat er Erfahrung. Gleich zu Beginn unserer Liebe hat er ein paar Fahrzeuge im Westen gekauft und im Osten wieder verkauft. Keine Durchschnittswagen, nein, Exoten. Das Geschäft ist lukrativ, und wir haben beide technisches Verständnis, es könnte also gehen.

»Aber wir brauchen ein Zuhause. Ich will nicht die nächsten Jahre auf der Landstraße und im Wohnwagen verbringen«, gebe ich zu bedenken.

»Kannst du kochen?«, will Franz wissen.

Ich zucke mit den Schultern. »Keine Ahnung.«

»Aber ich«, meint Franz. »Mir macht Kochen Spaß. Und ich probiere gerne neue Rezepte aus, Gerichte, die man in Südamerika isst oder in arabischen Ländern. Wir könnten ein Lokal eröffnen, was meinst du?«

Kochen, Gäste bewirten, etwas Eigenes aufbauen, das würde mich schon reizen. Im Hinterkopf habe ich zwar immer noch mein Veterinärstudium; ich liebe Tiere, die Natur, das Leben an der frischen Luft. Aber durch die Wende ist jetzt alles anders. Wer weiß, ob die im Westen so viele Tierärzte brauchen. Wer weiß, wie es überhaupt weitergeht. Und ein Studium läuft mir nicht weg. Ich bin jung, ich kann noch so viel machen.

»Aber ich habe keine Ahnung, was die Leute im Westen gerne essen«, werfe ich ein.

Franz wischt meine Bedenken beiseite. »Wieso Westen? Das Geld wird im Osten verdient. Lass uns einfach losfahren, und wenn uns irgendwo etwas gefällt, schlagen wir zu.«

Ich nehme einen kräftigen Schluck Wein. Das Leben ist schön und dank Franz endlich auch bunt. Gut, dann komme ich eben zurück in die Heimat. Aber mit riesengroßen Plänen im Gepäck!

KAPITEL 4

Es dämmert schon, als wir am letzten Sonntag im Juni in Commerau ankommen. Knapp dreihundert Einwohner, eine Dorfstraße, und bis zur polnischen Grenze sind es gerade mal vierzig Kilometer.

Ich bin müde, wir sitzen seit Tagen im Auto. Sieben Restaurants haben wir uns angesehen, doch Franz hat immer den Kopf geschüttelt: zu teuer, zu marode, zu schlechte Lage. Jetzt sind wir bald in Polen und haben immer noch nichts gefunden.

»Lass uns was essen. Ich bin völlig ausgehungert«, sage ich. Im selben Augenblick taucht vor uns ein Gasthof auf. Großer Parkplatz, schöner Eingang, direkt an der B156 gelegen. Doch was ist das? In der Tür hängt ein Schild mit der Aufschrift: »Mit behördlicher Genehmigung seit 1987 geschlossen.«

Das war's mit dem Abendessen. Mit Schaudern denke ich an die trockenen Brote, die noch hinten im Auto liegen.

»Lass uns zurück nach Bautzen fahren«, schlage ich vor.

»Nein, lass uns lieber aussteigen«, entgegnet Franz, und schon fällt die Autotür hinter ihm ins Schloss.

»Das Haus können Sie kaufen«, ruft uns ein Mann vom Nachbargrundstück aus zu.

Franz ist plötzlich hellwach, wie ein Jäger, der Beute wittert. Ich sehe sofort: Das hier ist sein Ding!

»Es ist spät, außerdem verkauft sonntagabends niemand sein Haus«, rufe ich ihm noch nach.

Doch Franz ist schon weg. Wie ein Tiger streift er um das Gebäude, prüft mit kritischem Blick Türen und Fenster, klopft ans Gemäuer.

»Warte, ich komme gleich wieder«, ruft er mir unruhig zu, und dann steht er schon vor dem Nachbarhaus und klingelt. Er will wissen, wer für den Verkauf zuständig ist.

Wir werden zum Bürgermeister geschickt. Der hat den Schlüssel.

Franz hat die Fährte aufgenommen und lässt sich noch um halb zwölf das Haus aufschließen. Ich habe immer noch nichts gegessen.

Die Beleuchtung ist spärlich. Es riecht muffig. Wir tasten uns regelrecht durch die breiten Flure und das knarrende Treppenhaus.

Achtzig Quadratmeter Gaststube, geräumige Küche, zehn Fremdenzimmer im ersten und zweiten Stock, reichlich Lagerräume und ein riesengroßes Dachgeschoss, ideal zum Ausbauen. Auf der anderen Straßenseite steht eine Scheune, die gehört dazu. Ein gewaltiges Objekt.

»Hier kommt doch niemand hin«, sage ich schon leicht genervt.

Aber Franz ist nicht aufzuhalten. »Das ist die B156, eine beliebte Durchgangsstrecke nach Polen. Die Oberlausitz ist wunderschön. Wart's ab, die Wessis werden bald in Scharen hier einfallen.«

Er steht jetzt bei schummrigem Licht im Gastraum, zieht sich einen der alten Stühle heran und zündet erst mir, dann sich eine Zigarette an.

»Setz dich«, sagt er, und es klingt nicht nur wie ein Befehl, es ist auch einer. Eine ganze Weile spricht er kein Wort, er saugt nur mehrmals an der Zigarette und wirkt sehr konzentriert, als er langsam den Rauch in die Luft bläst.

Dann sieht er mich an und fragt mit eindringlicher Stimme: »Also, willst du, oder willst du nicht?«

Ich schlucke. Franz, weitgereist, erfahren, ein gestandener Mann, fragt mich doch tatsächlich, ob wir das Lokal übernehmen wollen. Ich bin total stolz in dem Moment. Offenbar bin ich für ihn mit meinen zweiundzwanzig Jahren nicht mehr das kleine Mädchen aus Wettin, die Studentin, die bisher nur lustig durchs Leben getanzt ist. Ich bin seine Partnerin, er nimmt mich ernst. Aber das kann er auch. Ich nicke.

Die Nacht verbringen wir in Commerau. Wir gehen im Dunkeln durch den Ort, knabbern an unseren Broten und sehen uns an, wo wir bald leben werden. Es gibt eine Schule, die Feuerwehr, einen kleinen Konsum. Bis in meine Heimatstadt Wettin sind es zweihundertdreißig Kilometer, das passt gerade noch. Ich will wieder regelmäßig zu meinen Eltern, sie brauchen mich und ich sie. Aber jetzt kann ich sie noch nicht besuchen, ich kann erst fahren, wenn ich etwas vorzuweisen habe. Erst wenn sie stolz auf mich sein können.

~

Am nächsten Morgen sitze ich mit Franz beim Bürgermeister, und die Realität hat uns zurück. Wir können das Haus gar nicht kaufen, es gehört einer Erbengemeinschaft, und die Treuhand hat es noch nicht freigegeben. Aber wir können es pachten und später, wenn alles geregelt ist, den Kaufvertrag abschließen.

Die Pachtverträge soll ich unterschreiben. Warum? Franz hat doch das Geld. Aber seine Erklärung klingt schlüssig: »Du bist aus dem Osten, da gibt es weniger Probleme.«

Wir pachten das gesamte Objekt für zweihundertdreißig Mark im Monat. Franz ist zufrieden. Ich unterschreibe.

Die nächsten Wochen sind turbulent, denn Franz will viel renovieren. Ich zähle die Tage, bis endlich alles fertig ist. Seit vier Monaten lebe ich jetzt in einem Wohnmobil. Es reicht! Ich möchte endlich wieder ein Zuhause haben, mit Badezimmer und einer richtigen Küche. Aber Franz ist sparsam, er steckt sein Westgeld nur in den Betrieb, zum Beispiel in eine komplette Restaurantküche und eine neue Bestuhlung. Statt eine Wohnung zu nehmen, ziehen wir in eins der ehemaligen Fremdenzimmer. Sie sind klein, mit alten Bädern, aber egal. Hauptsache, es gibt fließendes Wasser.

Am 4. August 1990 wird unsere »Heideschenke« eröffnet. Franz steht in der Küche, ich mache den Service. Wir haben eine Existenz! Ich bin so stolz.

Schon im November stehen die Erben vor der Tür. Für achtzigtausend Euro können wir alles kaufen, den Gasthof und die Scheune gegenüber. Ich nehme einen Kredit über die Kaufsumme auf. Franz will es so. Er braucht sein Bargeld für die Renovierung.

Jetzt gehört das Restaurant uns!

~

»Mensch, mach doch schneller! Tisch sieben und neun warten seit zwanzig Minuten aufs Essen, und du quatschst die ganze Zeit mit Anne!«

Es ist nicht das erste Mal, dass Franz mich heute so anfährt. Es ist Dezember, Vorweihnachtszeit, und jeder Tisch ist besetzt. Unser Geschäft läuft inzwischen so gut, dass wir Personal einstellen mussten. In der Küche steht jetzt ein zweiter Koch, und beim Bedienen werde ich unterstützt von ein paar Frauen aus dem Dorf und von Anne, meiner Freundin aus Beichlingen. Sie hatte von gemeinsamen Bekannten gehört, wo wir gelandet sind, und mich angerufen. Ihre Ausbildung an der Ingenieurschule hat sie noch beendet, aber danach keine Arbeit gefunden.

»Komm zu uns«, habe ich zu ihr gesagt. Zwei Tage später war sie da. Franz hat ihr eines der Fremdenzimmer angeboten, und sie ist gleich geblieben.

Ich bin froh, sie hier zu haben. Endlich jemanden zum Reden, jemanden, dem ich vertrauen kann. Sie ist auch mit mir zu meinen Eltern gefahren, im September. Mama hat geweint, Papa hat mich stumm in den Arm genommen. Ich war unglaublich erleichtert. Dann habe ich mich entschuldigt, und sie haben mir verziehen. Sie sind tolle Eltern.

Mittlerweile bin ich auch mit Franz bei ihnen gewesen, aber nur kurz, wir haben ja keinen Ruhetag und können eigentlich nie weg.

Papa und Mama mögen ihn inzwischen. »Er ist ein bisschen zu alt«, meint Mama zwar, und sie hat ja auch recht, aber was soll's! Ich habe ihn mir ausgesucht. Oder er sich mich. Und zusammen haben wir schon viel erreicht.

Aber das Geschäft fordert uns auch ganz, sodass für unsere Beziehung kaum noch Zeit bleibt. Wir arbeiten sieben Tage die Woche von frühmorgens bis spät in die Nacht.

Wenn die letzten Gäste gehen, braucht Franz noch ein paar »Entspannungsgläser«. Zwei, drei Gläser Wein, ein, zwei Korn, das ist normal. Danach ist er oft sehr lieb und zugewandt, nimmt meine Hand und drückt sie ganz fest, und dann reden wir. Meistens geht es um seine Pläne. Er will gegenüber in der Scheune ein Bistro eröffnen. Er sprudelt über vor neuen Ideen. Franz ist ein Macher, er braucht Bewegung, die Gewissheit, dass in seinem Leben immer etwas passiert und es weitergeht.

Mir wird das manchmal zu viel. Ich bin einfach müde nach einem Sechzehnstundentag und mag weder reden noch planen. Aber ich höre ihm trotzdem zu, weil ich weiß, dass er das braucht. Pläne schmieden, Visionen entwickeln, das hält ihn lebendig.

Es wird immer spät, bevor wir endlich zu Bett gehen und das Licht ausknipsen. Und Franz ist auch dann noch hellwach. Schlafen? Fehlanzeige. Franz ist ein Phänomen, ein Mann wie ein Bär, mit unbändiger Energie. Er hat sogar noch mitten in der Nacht Lust auf Sex, und wenn er mich nimmt, ist es immer wieder schön für mich.

Insgesamt verstehen wir uns sehr gut, nur der Dauerstress setzt uns beiden ziemlich zu. Franz reagiert im Alltag häufig gereizt. Er spricht dann sehr ruppig mit mir und macht mir sofort Vorwürfe, wenn etwas schiefgeht. Wenn ich das nicht auf mir sitzen lasse, wird er ärgerlich und beginnt zu schreien. Er hat eine cholerische Seite, die mir manchmal richtig Angst macht. Dann ist er wie ausgewechselt, ein völlig anderer Mann, aufbrausend, ungerecht, verletzend.

»Wie blöd bist du eigentlich?!« Ich weiß nicht, wie oft er mir diesen Satz um die Ohren haut, auch vor Anne und den anderen Angestellten, auch vor den Gästen oder auf der Straße. Wenn Franz etwas nicht passt, poltert er los.

»Er meint das nicht so«, sagt Anne, als ich an einem Winterabend wieder mal aus dem Lokal laufe, damit niemand meine Tränen sieht. Sie steht neben mir, drückt mir zum Trost einen Schokoladenriegel in die Hand. Sie ist so lieb.

»Er liebt dich bestimmt«, fügt sie aufmunternd hinzu.

Ich wische mir die Tränen aus dem Gesicht und antworte: »Ich weiß, aber manchmal kann ich es nur schwer aushalten. Wenn irgendwas nicht so läuft, wie er sich das vorstellt, bin ich schuld und werde angeschrien. Dazu die nächtelangen Diskussionen über immer neue Geschäftsideen. Es wird mir alles zu viel.«

Anne nimmt mich in den Arm. Das tut mir gut.

»Komm, lass uns wieder reingehen. Sonst dreht er noch völlig durch«, meint sie.

KAPITEL 5

»Ich muss noch den Tisch abräumen und die Abrechnung für die Familienfeier machen. Hilfst du mir bei der Kasse?« Fast schon flehentlich sehe ich Anne an.

Sie stellt sofort das Tablett ab. »Mensch, Karina. Du bist jetzt seit zehn Stunden auf den Beinen, das kann doch nicht gutgehen. Setz dich bitte hin, wenigstens für fünf Minuten.«

Ich schüttele den Kopf, murmele: »Geht nicht.«

Franz steht mit einem großen Tablett im Gastraum. »Das Dessert für Tisch neunzehn, Karina, schnell.«

Seine Stimme klingt scharf, er hat heute auch richtig geschuftet. Das Lokal war rappelvoll, keiner von uns hatte eine Pause. Nur bin ich hochschwanger, die anderen nicht.

»Wann ist es denn so weit, Karina?«, fragt mich eine Nachbarin, die gerade für ihre Enkel zwei Bratwürstchen am Tresen bestellt.

Ich lächele gequält: »Gestern, ich bin schon überfällig.«

Die alte Dame sieht mich mitleidig an. »Lässt er dich denn gar nicht raus? Nicht mal zum Kinderkriegen?« Und dann fügt sie leise hinzu: »Der hat dich überhaupt nicht verdient, der Franz. Und jetzt hast du bald noch ein Kind. Wie willst du das bloß alles schaffen?«

Kurz darauf ist er da, der ziehende Schmerz, der einen zu zerreißen droht. Bloß nicht schreien, denke ich, nicht solange die Gäste hier sind.

»Ich muss ins Krankenhaus«, sage ich zu Anne. »Ich glaube, es geht los.«

Sie sieht mich musternd an. »Meine Güte, hoffentlich reicht die Zeit noch! Ich hole Franz. Du musst nach Bautzen, sofort. Ich übernehme das hier.«

Ich schleiche auf die Toilette und schütte mir mit den Händen kaltes Wasser ins Gesicht. Mir ist so heiß, so schwindelig. Wo bleibt bloß Franz?

Ich wanke in die Küche, beide Hände auf meinem riesengroßen Bauch, und mag nicht glauben, was ich da sehe. Franz diskutiert heftig mit Anne.

»Lass mich das noch schnell fertigmachen. Ich komme ja gleich«, sagt er genervt.

»Nein!«, widerspricht Anne energisch und nimmt ihm die Teller aus der Hand. Dann schiebt sie ihn in Richtung Ausgang.

»Franz, ihr müsst los. Ich mache das hier. Beeil dich! Karina muss sofort in die Klinik.«

Im Hinausgehen bindet sich Franz schnell die Schürze ab und greift zu seiner Jacke, die an der Garderobe hängt. Er guckt an mir vorbei, als wollte er mich strafen, weil ich es ausgerechnet jetzt wage, ein Baby zu kriegen.

»Beeil dich!«, zischt er mir zu. »Ich kann nicht lange weg. Gerade haben sich noch Leute vom Schützenverein angemeldet.«

Die Fahrt dauert zwanzig Minuten. Franz redet ohne Punkt und Komma von den Essen, die er heute noch ausgeben muss. Und er ermahnt mich, nicht zu lange freizunehmen. Ich solle bloß nicht tagelang in der Klinik bleiben. Es sei Hochsaison, das Geschäft brumme, und mit meiner Kinderkriegerei würde ich den ganzen Betrieb stören.

»Kinderkriegerei«, sage ich und erschrecke selbst darüber, wie spitz meine Stimme klingt. Ich bin verletzt. Kein Wort der Freude, der Aufregung, der Spannung, dass wir bald eine Familie sind. Nein, für Franz ist das alles nur eine lästige Unterbrechung.

»Ja, ja, ich beeile mich«, antworte ich unwirsch. »Bestimmt kannst du mich morgen wieder abholen.«

»Was muss Anne noch für dich erledigen? Weiß sie, was du liegengelassen hast?«, bombardiert er mich mit Fragen, ohne auch nur im Geringsten auf mich einzugehen.

Ich will nur noch meine Ruhe. Eine Wehe nach der anderen droht meinen Bauch zu sprengen, und mein Mann nimmt nichts von alldem wahr. »Ja, ja, sie macht das schon«, presse ich gequält hervor. »Alles in Ordnung.«

Und dann hält er endlich vor der Klinik und wirft einen unruhigen Blick auf die Uhr. »Geh schnell rein, ich muss gleich wieder los. Verdammt, wie soll ich das noch schaffen? Es ist schon halb elf!«

Franz bringt mich nicht in die Klinik, nein, er begleitet mich noch nicht einmal zur Tür. Ohne auch nur den Motor abzustellen, drückt er mir einen beiläufigen Kuss auf die Wange und meint: »Ruf an, wenn das Baby da ist.«

Und dann stehe ich vor dem Klinikeingang, erschöpft von den Schmerzen, eine kleine Tasche mit dem Nötigsten in der Hand. Es ist der 11. Mai 1991, und ich fühle mich unendlich allein. Wenn doch meine Mutter jetzt hier wäre! Oder Anne!

Habe ich mir so die Geburt meines ersten Kindes vorgestellt? Nein, wirklich nicht. Ich freue mich auf das Kind, es wird ein Mädchen, und wir möchten sie Sarah nennen. Wir? Wohl eher ich. Franz hat eigentlich noch keinen Vorschlag gemacht, und wenn ich in letzter Zeit mit ihm darüber reden wollte, hatte er immer keine Zeit.

Sarah! Der Name klingt wirklich gut. Uuuuh, da ist sie, die nächste Wehe. Meine Güte, tut das weh! Ich bin froh, in der Klinik zu sein. Ich brauche Hilfe.

Acht Stunden später ist Sarah auf der Welt. Dreitausendzweihundert Gramm schwer und zweiundfünfzig Zentimeter groß liegt sie in meinen Armen. Ein supersüßes Mädchen mit blaugrünen Augen und braunen Löckchen. Ich bin glücklich und eigentlich ganz froh, mal ein paar Tage ausschlafen zu können. Der Arzt hat mir dringend geraten, nicht gleich weiterzuarbeiten, sondern eine Auszeit zu nehmen. Ich höre auf ihn.

Als ich am frühen Morgen Franz anrufe, um ihm von seinem Kind zu erzählen, geht er nicht ans Telefon. Die Schwester sieht mich mitleidig an. Mir ist das peinlich, aber ich will kein Mitleid.

»Mein Mann schläft noch«, erkläre ich mit einem gequälten Lächeln. »Wir haben Hochsaison, und er wird völlig erschöpft sein. Er kommt bestimmt nachher gleich.«

~

Franz sitzt ganz still auf dem kleinen Krankenhausstuhl und hält Sarah im Arm. Minutenlang beobachtet er nun schon den winzigen Säugling, hört auf die Atemzüge und streichelt die zerbrechlich wirkenden Ärmchen.

»Sie ist so klein und zart. Sieh mal, die Füße, wie bei einer Puppe«, meint er und ist ganz fasziniert von seiner Tochter. Mit seinen großen Händen hält er Sarahs Köpfchen und kann sich nicht sattsehen an ihrem dichten Haar.

Ich beobachte die beiden vom Klinikbett aus und genieße die Zeit zu dritt, die wir jetzt haben. Ich ahne schon, dass so etwas selten sein wird.

Fünf Tage später holt Franz uns aus dem Krankenhaus ab. Ich bin noch schwach, aber ich will mich zu Hause weiter erholen. Dann kann ich wenigstens die liegengebliebenen Abrechnungen machen und Bestellungen erledigen.

Franz kann das Geschäft allein nicht managen, zumal wir mitten im Umbau sind. Er hat nämlich angefangen, seine großen Pläne umzusetzen.

In der Scheune gegenüber entsteht das geplante Bistro, und den Dachboden obendrüber baut er zu zwei Ferienwohnungen aus. Franz hatte recht: Die Gegend um Commerau entwickelt sich immer mehr zu einem Urlaubsgebiet. Es kommen Gäste aus dem Westen, aber auch viele aus Leipzig und Berlin, dazu Durchreisende auf dem Weg nach Polen.

Das Bistro soll sich an jüngere Leute richten: moderne Einrichtung, Musik, preiswerte Snacks. Das ist die Idee von Uwe, Franz' bestem Freund. Uwe ist dreiunddreißig, also zehn Jahre älter als ich, und führt ein Lokal in Hamburg. Anfang 1991 stand er plötzlich in unserer Gaststube. Er wollte nur einen Kaffee trinken und ist dann drei Tage geblieben, weil er sich so gut mit Franz verstand. Seitdem kommt er alle zwei, drei Monate mit seiner glänzenden Goldwing nach Commerau gebraust und entwickelt mit Franz »todsichere« Geschäftsideen.

Vielleicht hat Uwe ihm auch die Ferienwohnungen eingeredet. Ich weiß es nicht, Franz würde es mir gegenüber auch nicht zugeben. Jedenfalls sollen die Wohnungen Urlauber aus dem Großraum Berlin anlocken. Franz will Küchenzeilen einbauen und Duschbäder.

»Dann haben wir auch eine regelmäßige Zusatzeinnahme«, so sein Argument.

Mit unseren Ersparnissen aus der »Heideschenke« allein können wir das Projekt allerdings nicht stemmen. Wir brauchen flüssiges Geld, das heißt, wir müssen einen Kredit aufnehmen. Oder besser gesagt: Ich muss das tun.

»Es ist einfacher, wenn du den Kredit beantragst. Du weißt doch, dass sie hier drüben den eigenen Leuten mehr vertrauen«, sagt Franz, und ich bin natürlich einverstanden.

Franz ist der Macher. Er entscheidet, und ich tue, was er sagt. Seine Entscheidungen zu hinterfragen, auf die Idee komme ich erst gar nicht. Zwar habe ich durchaus meinen eigenen Kopf, aber wenn ich den einbringe, gibt's nur Streit.

~

»Zwanzigtausend Mark? Franz, das kann doch nicht sein!«

Ich nehme ihm den Brief vom Finanzamt aus der Hand. Es ist Juli 1995 und brütend heiß, aber als ich das Schreiben lese, wird mir plötzlich eiskalt.

»Wie konnte das passieren? Warum haben wir denn keine Vorauszahlungen geleistet?«, bohre ich nach.

Es ist schon weit nach Mitternacht, und wir sitzen noch in der Gaststube. Franz hat die Cognacflasche auf den Tisch gestellt und schenkt sich reichlich nach. Er wirkt nicht einfach nur ratlos, sondern richtig verzweifelt.

»Wie hätte ich die Vorauszahlungen denn aufbringen sollen? Denk nur an den Ausbau der Scheune.«

»Aber Franz, das hast du doch gewusst«, werfe ich ein. »Die ganze Zeit hast du mir immer gesagt, alles wäre bestens. Und jetzt das.«

Mein Herz rast. Ich habe Angst. Zwanzigtausend Mark, so viel Geld!

»Was haben wir noch auf dem Konto?«, frage ich.

Franz sieht mich ernst an und sagt dann leise: »Nichts. Was wir eingenommen haben, ist immer gleich für die Umbauten draufgegangen. Und vergiss nicht, das Bistro ist nie richtig gut gelaufen.«

Wie könnte ich das vergessen! Das Bistro hat nur anfangs etwas abgeworfen, dann blieben die Gäste aus. Das kam nicht unerwartet, denn überall schießen hier neue Betriebe wie Pilze aus dem Boden. Die Leute wollen Abwechslung. Wenn etwas neu ist, sind sie da, aber dann wird es ihnen schnell langweilig, und sie ziehen weiter.

»Wir müssen immer die Ersten sein. Dann brummt das Geschäft«, lautet Franz' Motto.

Also mussten wir als Erstes neben dem Bistro noch eine Eisdiele haben, die aber nach wenigen Monaten wieder geschlossen wurde. Danach bauten wir den alten Fahrradschuppen nebenan zum Abendlokal aus. Edel, mit schummerigem Licht und feinen Steakgerichten. Dazu teures Inventar.

Wir haben kräftig investiert: zahllose Stunden Eigenleistung und teure Baumarktrechnungen. Jede Mark Gewinn, die wir im Gasthaus machten, ist gleich wieder in den Betrieb zurückgeflossen. Wenn es nicht reichte, haben wir Kredite aufgenommen. Dementsprechend hoch sind jetzt die Raten, die wir für Zins und Tilgung Monat für Monat an die Banken zahlen. Und nun hält auch noch das Finanzamt die Hände auf.

Zwanzigtausend Mark Steuerschulden, zwei Betriebe und mittlerweile zwei Kinder. Eineinhalb Jahre nach Sarah, im November 1992, haben wir unsere zweite Tochter bekommen, Mandy. Nach ihrer Geburt konnte ich mir keine Pause mehr gönnen. Obwohl der Arzt auch jetzt von Schonung sprach, stand ich am übernächsten Abend schon wieder in der Gaststube. Franz brauchte mich. Es gab einfach zu viel Arbeit.

In den Monaten vor Mandys Geburt hatten wir uns in

der »Heideschenke« das Dachgeschoss ausgebaut. Wir leben jetzt auf hundert Quadratmetern in einer Wohnung mit drei Zimmern, großem Wohnzimmer, Küche, zwei Bädern. Ich laufe ständig zwischen Wohnung, Gaststube, Bistro und Abendlokal hin und her. Häufig mit zwei Kindern im Schlepptau, die das Temperament von ihrem Vater geerbt haben. Sarah ist eine Draufgängerin, sie hat vor nichts Angst. Mandy ist ruhiger, will aber wie ihre Schwester sein. Jeder Tag mit den beiden ist turbulent.

Zwischen Spielen und Trösten, Kochen und Putzen arbeite ich meine zehn Stunden im Service der drei Betriebe. Selten komme ich vor zwei Uhr nachts ins Bett, und vier Stunden später klingelt schon wieder der Wecker. Zum Glück ist meine Mutter oft da und nimmt mir die Mädchen ab. Außerdem habe ich eine zuverlässige Kinderfrau im Dorf, die regelmäßig zu uns kommt. Aber ich merke, dass ich immer öfter an meine körperlichen Grenzen stoße. Ich bin erschöpft und weiß nicht mehr, wie ich das alles packen soll.

Franz schenkt sich das Glas wieder voll und brummelt etwas von schließen, aufgeben, keine Lust mehr haben.

Ich trinke jetzt auch einen Schluck Cognac. Die letzten fünf Jahre haben wir nur geschuftet. Unsere Ehe ist eine Firma, die Kinder Inventar. Wo bleibt das Leben?

Wie gerne würde ich mal verreisen! Mein Traum wäre es, nach Mallorca zu fliegen, eine Woche lang nur am Pool zu liegen und in der Sonne zu dösen.

Oder wir könnten ein paar Tage nach Bayern in die Berge

fahren. Wandern, schlafen, abends leckere Knödel essen. Einfach nur mal raus, etwas anderes sehen, abschalten, das wäre wunderbar.

Ach, was denke ich denn da? Ich wäre schon froh, wenn ich nur mal Anne besuchen könnte. Sie fehlt mir. Aber sie hat es richtig gemacht, als sie vor einem Jahr gekündigt hat.

Sie wollte nicht mehr in dieser Tretmühle bleiben, also ist sie ausgestiegen und nach Chemnitz gezogen. Dort macht sie jetzt eine Umschulung zur Physiotherapeutin.

Ich beneide sie. Sich einfach umdrehen und gehen können, ein neues Leben anfangen, mit Zeit für Freunde, zum Ausgehen und Spaßhaben.

»Sollen wir aufhören? Sollen wir das Geschäft wirklich schließen?«, frage ich in die Stille hinein.

Franz hört meine Fragen nicht. Zumindest reagiert er nicht.

»Franz, wollen wir wirklich aufhören? Und dann wieder einen Kredit aufnehmen und ein neues Geschäft eröffnen und noch mehr arbeiten und noch weniger verdienen?« Meine Stimme überschlägt sich fast, so außer mir bin ich. »Franz, antworte doch! Was sollen wir tun? Wir haben zwei Kinder. Wir müssen auch an sie denken!«

Aber Franz sagt immer noch kein Wort. Stattdessen schenkt er sich Cognac nach und kippt den Inhalt des Glases in einem Zug hinunter.

An diesem Abend male ich ein schlimmes Szenario an die Wand und weiß eigentlich gar nicht, was ich damit bewirken will. Denn im Grunde weiß ich ja, wir können gar nicht aufhören. Franz ist mittlerweile fünfundfünfzig Jahre alt, ich siebenundzwanzig. Wir haben das Haus, jede Menge Kredite und keine Lust, als Angestellte zu arbeiten. Wie auch? Es würde uns niemand eine Chance geben.

Franz ist viel zu lange aus seinem ursprünglichen Beruf heraus, ich habe nicht mal einen. Wir könnten nur wieder Gastronomie machen, irgendwo anders, in einer Umgebung, die uns fremd ist. Was soll denn dabei herauskommen? Da haben wir noch weniger Chancen als hier.

Wir haben uns dieses Leben ausgesucht, also müssen wir auch weitermachen.

Es ist schon halb vier, als ich Franz aufmunternd in den Arm nehme. »Komm, lass uns hochgehen. Wir packen das schon. Hängenlassen bringt nichts. Es wird eine Lösung geben.«

KAPITEL 6

»Hast du das gelesen? Hier, sieh mal!« Franz hält mir beim Frühstück das Gemeindeblatt unter die Nase.

Ich nippe an meinem Kaffee und lese: »Ehemaliges Freibad zu verpachten. Diverse Nutzungsmöglichkeiten denkbar.«

Ratlos zucke ich mit den Schultern. »Was wollen wir damit?«

Franz ist schon längst weiter. Ich kann förmlich sehen, wie es in seinem Kopf rattert. »Das ist es!«, ruft er und läuft aufgeregt in der Küche hin und her. Er ist wieder ganz der Alte und schmiedet Pläne. Die Steuerschulden sind Vergangenheit, meine Eltern haben uns Geld geliehen. Wir können jetzt finanziell durchatmen, und Franz nutzt die Gelegenheit, schon wieder etwas Neues anzufangen.

»Überleg doch mal«, schwärmt er weiter. »Wir machen einen Freizeitpark auf, dann decken wir hier in der Gegend mit unserem Betrieb alles ab: Essen, Spaß, Sport. Karina, es geht wieder bergauf!«

Und dann pachtet Franz tatsächlich von der Gemeinde

das alte Schwimmbadgelände. Er bekommt ein undichtes Betonbecken, einen Holzschuppen mit Sanitäranlagen und viel Land drum herum. Das Ganze liegt direkt an einem idyllischen See, und das Beste: nur ein paar Minuten Fußweg von unserer »Heideschenke« entfernt.

Es ist März 1999. Innerhalb von drei Tagen hat Franz die Verträge in der Tasche, die wie gewohnt ich unterschreibe. Die Pacht beträgt dreihundert Euro jährlich, das ist supergünstig. Aber was genau wollen wir damit machen?

~

»Komm, steig ein, wir fahren nach Berlin«, ruft mir Franz am Morgen nach der Vertragsunterzeichnung zu, als ich gerade zum Einkaufen will. Er lässt mir nicht mal mehr Zeit, mich umzuziehen.

Im Auto erfahre ich, dass sein Konzept bereits steht: Er will Holzhäuser auf das Pachtgrundstück stellen. Die Häuschen, die er sich vorstellt, sind circa vierzig Quadratmeter groß und haben zwei Schlafzimmer und eine Wohnküche. Aus dem Holzschuppen soll eine Kneipe werden, und in der Nähe des maroden Schwimmbeckens will er einen Reitplatz und ein Volleyballfeld anlegen. Insgesamt plant Franz neun Häuser für maximal fünfzig Urlauber.

»Wir nennen das Ganze Ferienoase, und es wird eine Goldgrube«, versichert er mir überschwenglich, als wir über die Autobahn düsen.

Dann der Schock: Ein einziges Haus würde schon neuntausend Euro kosten. Das erfahren wir, als wir in Berlin ankommen und bei einem Holzhändler auf dem Hof stehen. Franz hat zwar große Pläne gemacht, aber nichts gerechnet.

Und nun? Können wir uns das leisten? Ich habe Angst.

Mittlerweile haben wir drei Kinder. Nach Sarah und Mandy ist im März 1996 unsere dritte Tochter Laura auf die Welt gekommen.

Die »Heideschenke« läuft längst nicht mehr so gut wie anfangs, und die Umsätze im Bistro und im angegliederten Imbiss sind ebenfalls mal wieder rückläufig. Das Abendlokal mussten wir schließen. Die guten Zeiten scheinen für alle Geschäftsteile vorbei zu sein.

Die Ferienoase zu eröffnen hieße auch, neue Schulden zu machen.

»Lass uns noch einmal in Ruhe alles durchrechnen«, schlage ich vor.

Aber Franz ist nicht zu bremsen. Er brennt für das Projekt, ich erreiche ihn nicht mehr.

Woher er das Geld nehmen will? Er denkt fieberhaft nach. Noch auf dem Hof des Holzhändlers spricht er per Handy mit unserer Brauerei. Die stimmt völlig unerwartet sofort zu und ist bereit, den Ausbau der Ferienoase mitzufinanzieren.

Franz hat wieder Oberwasser, ist aber bereit, Abstriche zu machen. »Wir bauen die Häuser selber«, meint er strahlend.

Ein Modell kauft er sofort und lässt es nach Commerau liefern. Für die anderen acht Häuser bestellt er nur das Holz.

Selber bauen? Was das bedeutet, ist klar: Nach zehn Stunden Arbeit schlafen wir nicht, nein, wir zimmern uns in der Nacht die Ferienhäuschen zusammen.

Ich versuche, Franz das auszureden. Vergeblich. Er weiß, dass ich handwerklich gut bin und wir es schaffen können.

»Wir machen das zusammen. Dann sind wir schnell fertig«, schlägt er mir auf der Rückfahrt im Auto vor. Und ich dumme Gans lasse mich darauf ein.

~

Aus dem folgenden Winter 1999/2000 kann ich mich an keine Stunde erinnern, in der ich zur Entspannung mal eine Zeitung in der Hand gehalten hätte. Es gibt keine Adventsfeier, keinen Ausflug auf den Weihnachtsmarkt mit den Kindern, keinen Ruhetag. Es gibt nur Arbeit und immer wieder Arbeit. Wir zimmern uns auf zweitausend Quadratmetern unsere Ferienoase. Fünfzehn Stunden jeden Tag, sieben Tage die Woche. Ob ich noch kann? Niemand fragt danach.

Natürlich macht es mir auch Spaß. Ich arbeite gern mit meinen Händen. Und die Grundstimmung ist gut, wie immer, wenn Franz ein Ziel vor Augen hat.

Wir haben Freunde, die uns helfen, und unsere drei Mädels sind auch oft dabei. Sie lieben es, in der Natur zu sein. Bei jedem Wetter kurven sie mit ihren kleinen Fahrrädern und Rollern zwischen Holzbergen und Bauschutt herum.

Und während wir alle fleißig sägen und hämmern, zeigt uns Franz bereits, wie es weitergeht: Er behält neben der »Heideschenke« nur den Imbiss und baut das Bistro und das ehemalige Abendlokal zu jeweils zwei Ferienwohnungen um.

Ich weiß nicht mehr, ob ich lachen oder weinen soll. Ich denke auch nicht mehr darüber nach. Ich funktioniere. So wie Franz es mag.

~

»Ich denke, wir sollten langsam heiraten.«

Ich stehe in der Küche und schäle Kartoffeln, als Franz das im März 2000 zu mir sagt. Er steht neben mir und knabbert an einer trockenen Brotscheibe. In meinem Kopf läuft spontan eine Filmszene ab. Ein Mann mit roten Rosen in der Hand nimmt eine junge Frau in den Arm und haucht ihr ins Ohr: »Willst du mich heiraten?« Sie nickt verklärt, und dann küssen sie sich lange und zärtlich. Klappe!

In meinen Jungmädchenträumen gab es noch den Ritter auf dem weißen Pferd, der seine Traumfrau in den Sattel hebt. Es gab auch Sportwagenfahrer, Agenten und andere Helden, die sich etwas Pfiffiges ausdachten, um ihrer Auserwählten das Jawort abzuringen. Aber abgearbeitete Männer, die mittags um halb zwölf in der Küche beiläufig ihre Hochzeitspläne äußern – nein, die gab es nicht.

Ich schiebe meine Träume zur Seite. Was soll's! Mein Mann ist Franz, mein Leben ist das Geschäft. Für eine richtige Hochzeit haben wir sowieso keine Zeit.

»Wann wollen wir denn zum Standesamt?«, frage ich beiläufig und sehe dabei nicht einmal vom Herd hoch. Ich muss Laura aus dem Kindergarten abholen, und die beiden Großen kommen gleich aus der Schule, dann soll das Mittagessen fertig sein. Um eins beginnt meine Schicht im Restaurant, um drei gehe ich in den Imbiss und ab fünf in die Ferienoase. Heiraten? Ja, los, aber es muss schnell gehen.

Unsere Hochzeit soll am 15. März 2000 im Standesamt von Commerau stattfinden, doch es kommt etwas dazwischen: Die Steuerprüfung meldet sich an. Das Geschäft geht vor, dann heiraten wir eben einen Tag später.

»Kommst du?«, fragt Franz. Ich bin mit zwei Aushilfen in der Restaurantküche. Gerade ist ein Bus eingetroffen, vierundzwanzig Essen müssen raus. Es brennt an allen Ecken, aber noch einmal absagen können wir nicht.

»Hol schon das Auto, ich mache eben noch die Schnitzel fertig«, sage ich und wische mir die schweißnassen Haare aus der Stirn, während ich das Fleisch brutzele.

Fünf Minuten später ziehe ich mir die Schürze aus und düse ins Bad. Hände waschen, Haare kämmen, rasch noch von oben eine frische Bluse holen. Ich schnüffele. Rieche ich nach Bratfett? Meine Mitarbeiterin schüttelt den Kopf. »Lass mal, du siehst gut aus, und riechen tust du auch nicht.«

Franz sitzt schon mit Sarah und Mandy im Auto. Die beiden Großen müssen mit, weil sie mit der Hochzeit auch Franz' Nachnamen bekommen sollen und unterschreiben müssen. Laura ist noch zu klein. Bisher haben unsere drei Töchter geheißen wie ich: Lorenz.

»Komm schon, es wird knapp«, mault Franz. Ich rutsche auf den Beifahrersitz unseres Vans.

Als wir losfahren und die trübe Landschaft an uns vorbeifliegt, überlege ich, ob ich dem Personal alles Wichtige gesagt habe. Vierundzwanzig Desserts. Es gibt genügend

Pfirsiche, das müsste reichen, aber der Kuchen ist knapp. Egal, dann müssen sie eben improvisieren. Auf jeden Fall muss Franz heute noch in den Metro-Markt zum Einkaufen. Wenn morgen wieder ein Bus kommt, haben wir sonst ein Problem.

»Willst du, Karina, Franz zu deinem Ehemann nehmen, ihn ehren und achten?«

Der Raum im Standesamt ist feierlich geschmückt. Die Standesbeamtin trägt ein dunkles Kleid. Zwei Mitarbeiter der Behörde stehen als Trauzeugen neben uns. Unsere beiden Mädchen kichern. Ich denke nicht darüber nach, dass ich einen Treueschwur abgebe, ich frage mich nur, ob der Standesbeamtin wohl mein Fettgeruch auffällt. Sie räuspert sich.

Franz stößt mich an, zischt: »Was ist denn?«

Ich fühle mich ertappt, sage leise: »Ja.«

Franz' Ja kommt deutlicher, klar und laut. Genau so, wie er auch ist: selbstbewusst, stabil, immer mit einer festen Meinung.

Zwei einfache Jas, aber sie sprechen für sich. Meine Güte, warum fühle ich mich an Franz' Seite immer so klein und unsicher?

Anschließend setze ich meinen Namen unter die Urkunde. Ich heiße jetzt Follmann-Lorenz. Was ändert sich sonst noch? Nichts!

»Wohin geht's zum Feiern?«, fragt die Standesbeamtin, nachdem sie uns gratuliert hat.

»In die ›Gute Quelle‹ in Niedergurig«, sagt Franz. »Aber nur zum Mittagessen – wir haben keine Zeit. Das Geschäft wartet, Sie verstehen?«

Die Standesbeamtin versteht. Ich auch.

Wir essen Gulasch, die Kinder Würstchen. Es gibt Wasser, für Franz einen Wein. Sechsundfünfzig Mark und zehn Pfennig kostet unsere Hochzeit, und sie dauert genau zwei Stunden und fünfundvierzig Minuten. Und darum macht man in Filmen immer so viel Aufheben?

Um Punkt drei stehe ich wieder im Imbiss und verkaufe Würstchen an Urlauber und Geschäftsreisende, die Richtung Polen unterwegs sind.

»Was ist mit der Hochzeitsreise?«, will meine Angestellte wissen. »Hochzeitsreise? Was ist das?«, frage ich gespielt unwissend.

Franz geht gerade draußen vorbei. Er hat uns gehört und bleibt stehen. »An dem Tag, an dem ihr hier viertausend Mark Umsatz macht, geht's los. Wohin du willst! Versprochen!«

Wohin ich will? Wer glaubt das denn? Aber ich beginne zu träumen. Während ich Pommes ins Öl tauche und unablässig Würstchen wende, denke ich an Palmen und blaues Meer. Mallorca? Gran Canaria? Egal, ich würde nur so gern mal fliegen.

Seit unserer Horrorreise vor elf Jahren sind wir nur einmal verreist, vor zwei Jahren, nach Torrevieja an der spanischen Costa Blanca.

Franz hatte uns gleich nach Silvester dort ein kleines

Häuschen gemietet. Und dann sind wir los, sechsundzwanzig Stunden haben wir für eine Strecke gebraucht. Franz hat geschlafen, er war müde vom Weihnachtsgeschäft, und ich bin gefahren. Die Kinder haben hinten gespielt oder auch geschlafen. Aus dem Radio schnulzte Julio Iglesias, und mit jedem Kilometer Richtung Süden rückten Commerau und die »Heideschenke« weiter in den Hintergrund.

Obwohl wir nur drei Tage in Spanien bleiben konnten und insgesamt fast sechzig Stunden im Auto saßen, habe ich diese zweite gemeinsame Reise genossen. Die Zeit am Meer war großartig.

Franz und ich hatten monatelang nicht mehr miteinander geredet. Ich meine nicht über Alltagskram, ich meine über Dinge, die uns wirklich bewegen. Jetzt saßen wir bei einem Glas Wein vor unserem Ferienhaus und redeten. Über unsere Ziele im Leben, unsere Träume, was wir uns noch wünschten.

Franz wollte Erfolg und endlich ohne Schulden leben. Ich wollte Freiheit, einfach mehr Zeit für mich und die Kinder. Mal spontan zu meinen Eltern fahren. Ein Wochenende am Meer verbringen. Mit einer Freundin eine Ausstellung besuchen oder ein Konzert, ich mag doch Musik.

Franz nahm mich damals in den Arm. »Komm, Schätzchen, halt durch! Wir rackern uns frei, und in ein paar Jahren kannst du das alles machen. Wir fliegen mal nach Südamerika. Ich habe noch viele Freunde da. Du wirst schon sehen, es wird dir gefallen.«

Ich lag in seinen Armen, über uns blitzte ein Sternenmeer am spanischen Winterhimmel. Auch abends waren es noch milde sechzehn Grad. Ich war glücklich. Franz hatte mir Mut gemacht. Alles würde gut.

Wirklich?

»Zweimal Pommes mit Mayo«, höre ich die Stimme eines Kunden. Ich nicke und tauche den Pommes-Korb in das siedende Öl.

Wie lange sollen wir das denn alles noch schaffen? Seit Jahren haben wir keine Zeit mehr zum Durchatmen, keine Zeit für uns.

Wir sind wie Hamster im Rad. Das Rad dreht sich immer schneller und schneller, und wir rennen, ohne zu wissen, wohin wir eigentlich wollen.

»Zweimal Currywurst und dreimal Bratwurst«, ruft eine junge Frau.

Ich mache weiter. Gut, dass ich wenigstens noch Zeit zum Nachdenken habe. Meine Gedanken, die kann mir niemand nehmen. Wenn ich dabei arbeite, kann auch Franz nicht sauer sein.

~

»Musste das sein?« Franz' Ton ist scharf. Ich weiß sofort, was er meint: Ich trage eine neue Bluse, was ihm natürlich gleich aufgefallen ist. Kein Wunder, er sieht mich ja auch immer nur in denselben drei T-Shirts. Ich habe wenig Kleidung und mache mir auch nicht viel daraus. Ich arbeite ja sowieso den ganzen Tag, und hier im Gasthaus oder in der Ferienoase brauche ich nichts Schickes. Jeans, T-Shirt, Sweatjacke, das reicht.

Aber diese Bluse hat mir gefallen. Sie hing im Textildiscount neben dem Supermarkt, und ich konnte nicht widerstehen. Schon auf der Heimfahrt wusste ich, dass es deshalb Ärger geben würde. Franz hat kein Verständnis dafür, dass ich für Kleidung Geld ausgebe.

Jede Mark, die wir einnehmen, stecken wir gleich wieder ins Geschäft. Franz will das so.

Die Ferienoase hat bereits Unsummen verschlungen. Wir haben ja nicht nur in die Kneipe und die Holzhäuser investiert, sondern auch Stromleitungen gelegt und Sanitäranlagen gebaut. Dazu die Pflasterarbeiten, die Zäune, die Eingangstore. Außerdem hat Franz im Nachbardorf Jetscheba einen Stall und zehn Ponys gekauft. Er will auch den kleinen Gästen etwas bieten.

Die Brauerei hat uns zwar den angekündigten Kredit gegeben, aber das Geld hat längst nicht gereicht. Wir brauchten weitere Kredite und stecken jetzt finanziell mal wieder so richtig in der Tinte.

»Wenn du das ganze Geld für Klamotten verschleuderst, kommen wir nie aus dem Schuldenloch raus!«

Franz knallt die Faust auf den Tisch. Mandy und Laura packen sofort ihre Spielsteine zusammen und verschwinden im Kinderzimmer. Sie wissen schon, dass es jetzt ungemütlich wird. Wenn Franz sich über mich ärgert, wird er immer laut, sehr laut. Diesmal scheint er sich richtig zu ärgern, denn er brüllt mich an wie ein Irrer.

Ich sitze im Wohnzimmer und heule. Es ist nicht nur die Demütigung, von meinem Mann vor den eigenen Kindern so zusammengestaucht zu werden, es ist auch die Hoffnungslosigkeit, die mir die Tränen in die Augen treibt. Ich habe vierundzwanzig Mark für mich ausgegeben, der erste außerplanmäßige Kauf seit bestimmt einem Jahr. Ich wollte mich ein bisschen verwöhnen, eine kleine Belohnung für die ganze Schufterei haben. Und jetzt das!

Warum lässt er uns nicht ein bisschen Geld auf dem Konto, damit wir uns auch mal etwas gönnen können? Jeder Mensch braucht doch etwas fürs Herz.

Aber Franz schöpft immer bis auf die letzte Mark unseren Überziehungskredit aus. Und ist mal eine kleine Summe übrig, geht er zum nächsten Baumarkt und steckt das Geld in Schrauben, Baumaterial, Werkzeuge.

Natürlich ist es gut, ins Unternehmen zu investieren, aber Franz übertreibt es. Wir haben einfach nicht genug Geld zum Leben. Seit Monaten kann ich den Kindern nichts Vernünftiges mehr zum Anziehen kaufen, obwohl sie ständig wachsen. Zum Glück schicken mir meine Eltern regelmäßig etwas Geld, aber so kann es doch nicht ewig weitergehen. Die verdammte Bluse! Ich möchte sie ihm am liebsten vor die Füße knallen, aber dann steht Mandy in der Tür. Sie drückt ihren Teddy an sich, und Tränen strömen ihr über das Gesicht. Als Franz sie so sieht, hört er sofort auf zu schreien. Er nimmt sie in den Arm und drückt sie an sich.

»Papi hat sich ein bisschen aufgeregt. Komm, lass uns zu den Ponys gehen. Und Laura nehmen wir auch mit.«

Die Tür fällt hinter ihnen ins Schloss. Ich heule weiter. Meine Güte, ich kann nicht mehr! Wir müssen etwas ändern, sonst gehen wir kaputt.

~

Dreitausendachthundert, dreitausendneunhundert, viertausend! Bingo! Ich lehne mich im Sessel zurück und schließe die Augen. Es ist unfassbar. Wir haben wirklich an diesem Herbstsonntag viertausend Mark Umsatz gemacht. Ab acht Uhr in der Frühe ging es bei uns zu wie auf dem Dresdner Hauptbahnhof, ein absoluter Trubel.

Franz wird Augen machen, wenn er das sieht. Und ich werde ihn an sein Versprechen erinnern!

Wir haben das gewünschte Umsatzziel erreicht, also kann's losgehen. Ich weiß auch schon, wohin: nach Mallorca. Die Insel muss ein Traum sein. Einer unserer Gäste hat ein Haus dort, das könnten wir mieten. Im November ist bei uns nicht viel los, und wir haben eine gute Kraft in der Küche, die kommt auch mal eine Woche ohne uns zurecht. Ich schließe die Augen und sehe türkisfarbenes Wasser, Palmen, blauen Himmel. Die Kinder werden staunen!

Als Franz kommt, halte ich ihm triumphierend die Tagesabrechnung unter die Nase. »Wir können endlich verreisen!«, rufe ich.

Franz strahlt, als er die Zahlen liest. »Das ist ja klasse, Karina«, sagt er anerkennend.

»Im November könnten wir fliegen. Wir haben in der Saison gut verdient, jetzt sind wir dran und verwöhnen uns. Was meinst du, magst du Mallorca?«, frage ich weiter.

Franz hört gar nicht richtig zu. Während ich von Urlaub spreche, denkt er – das sehe ich ihm deutlich an – wie immer an Investitionen.

Aber ich lasse nicht locker. An diesem Abend mache ich uns eine Flasche spanischen Wein auf, zur Einstimmung.

Wir trinken und träumen – nur leider nicht von den gleichen Dingen. Während ich von Mallorca schwärme, träumt Franz von einer neuen Bestuhlung vor dem Imbiss.

Am nächsten Morgen habe ich Kopfweh. Vom Wein, aber auch, weil ich weiß, was passieren wird. Franz wird sein Versprechen nicht halten. Wir werden nicht fahren.

Zwei Wochen später steht eine winterfeste Bestuhlung vor dem Imbiss. Es sind zwölf Grad, der Himmel ist tiefgrau, und es regnet. Commerau im November. Mallorca ist weit weg.

~

Meine Haare sind pitschnass, und mir ist eiskalt. Mitten in der Nacht stehe ich im Nieselregen hinter meinem Elternhaus und weine wie ein Kind. Ich konnte nicht schlafen und bin in den Garten hinausgegangen. Zwei, drei Atemzüge an der frischen Luft, und der ganze Frust stieg in mir hoch. Ich bin nicht nur körperlich und seelisch total erschöpft, ich bin auch zutiefst unglücklich.

»Dir fehlt Wärme«, hat mir Anne erst gestern Abend am Telefon gesagt. Sie hat an meiner Stimmlage sofort gemerkt, dass es mir nicht gutgeht. Warum merkt Franz das nicht? Er sieht in mir nicht mehr seine Frau, seine Geschäftspartnerin, die Mutter seiner Kinder, nein, für ihn bin ich nur noch eine Maschine, die zu funktionieren hat.

Aber nicht mal dieser Vergleich passt, denn Franz pflegt seine Maschinen sorgfältig. So viel Aufmerksamkeit und Zeit wie für die diversen Geräte hat er für mich nicht übrig.

In den letzten Tagen hat es in Commerau zwischen uns noch dazu nur geknallt. Erst gab es Streit wegen einer Handwerkerrechnung. Franz meinte, ich hätte das doch auch selbst machen können, dann hätten wir uns das Geld sparen können. Mittendrin rief plötzlich meine Mutter an. Mein Vater sei krank, sie brauche meine Hilfe.

»Ich komme«, habe ich sofort gesagt und in der Gaststätte dafür gesorgt, dass ich zwei Tage wegkann. Franz war außer sich. Aushilfskräfte seien im Winter zu teuer, ich würde im Service gebraucht. Dann hat er mir vorgerechnet, was das Benzin für die Fahrt zu meinen Eltern kostet!

Damit hat er eine Grenze überschritten, und ich bin ausgerastet. »Wenn meine Eltern mich brauchen, bin ich für sie da«, habe ich ihm unmissverständlich klargemacht. Dann habe ich die Kinder geschnappt und bin losgedüst.

Meine Mutter hat sich riesig gefreut, ihre Enkel zu sehen. Ich schaffe es ja höchstens alle drei, vier Monate, ein paar Stunden bei ihr zu sein.

Als die Mädchen im Bett sind, erzählt sie mir alles. Papa muss vielleicht eine neue Niere bekommen. Mama hat furchtbare Angst und braucht Halt. Ich bin die einzige Tochter, und sie will, dass ich bei ihr bin.

»Wir stehen das gemeinsam durch«, sage ich sofort und hoffe, dass sie mir nicht ansieht, wie geschockt ich bin.

Als sie ins Bett geht, bin ich noch hellwach. Der Streit mit Franz bei der Abfahrt, jetzt die Nachricht von Papas Krankheit. Ich bin aufgewühlt, fühle mich hin- und hergerissen, und in meinem Kopf wirbeln die Gedanken herum.

Draußen an der frischen Luft atme ich tief durch. Ich sehe mein Leben, meinen Alltag plötzlich aus der Distanz und bin erschüttert. Ich lebe nicht. Ich vegetiere.

Dabei würde mir das Geschäft eigentlich Spaß machen, wenn nur nicht der ständige Drill und Franz' cholerische Anfälle wären. Die Gewissheit, dass ihm nie reicht, was ich tue und was die Angestellten tun, vermiest mir die Arbeit.

Ich habe keine Lust mehr, immer nur zu schuften und nie zu wissen, wofür. Ich lebe nach Franz' Spielregeln sein Leben mit.

Aber wo ist mein Leben? Ich habe mich in all den Jahren mit Franz nie mehr gefragt, was ich eigentlich will. Ich habe ihm, dem Macher, alles überlassen. Und er hat gemacht und vermutlich nicht eine Sekunde daran gedacht, ob es auch für mich passt.

Ich will anders leben. Ich will, dass mich mein Mann in den Arm nimmt und mir das Gefühl gibt, dass er mich liebt und dass er möchte, dass es mir gutgeht.

Ich weiß nicht, wie lange ich dort draußen stehe. Erst als ich am ganzen Körper vor Kälte zittere, gehe ich ins Haus zurück. Ich fühle mich innerlich leer, ausgebrannt.

Als ich mich schließlich ins Bett verkrieche, sind meine Augen leer geweint. Wie ein Häufchen Elend rolle ich mich in meinem ehemaligen Kinderbett ein. Im schwachen Schein der Nachttischlampe sehe ich im Regal meine alten Schulbücher stehen, meinen Lieblingsteddy, die Brettspiele. Ich bin erwachsen, selbst dreifache Mutter, und doch möchte ich am liebsten die Zeit zurückdrehen, um wieder klein sein zu können. Ich fühle mich wie ein hilfloses Kind, das Schutz bei seiner Mutter sucht und Geborgenheit und Liebe findet.

Warum kann Franz mir das nicht geben?

Am liebsten möchte ich woanders ganz von vorn anfangen. Aber wenn ich an die Zukunft denke, sehe ich nur einen großen schwarzen Felsen vor mir, der mir den Blick versperrt. Ich weiß nicht, wie ein Leben ohne Franz aussehen könnte.

Irgendwann in dieser Nacht schlafe ich ein. Unendlich müde und unendlich traurig, denn ich weiß, dass ich bald wieder zurückfahren werde. Zurück zu Franz. Zurück in das Leben, das so ganz anders geworden ist, als ich es mir vorgestellt habe. Für eine Trennung fehlt mir nicht nur die Kraft, sondern auch die Zuversicht.

KAPITEL 7

»Hi, Karina, darf ich dir meine Freundin Kathleen vorstellen?« Lena steht vor mir am Tresen der Ferienoase und hat eine junge Frau im Arm, die ich unbedingt kennenlernen soll. Kathleen ist Mitte zwanzig, sehr schlank, trägt Jeans und Bluse und hat die langen braunen Haare mit einem schlichten Gummi nach hinten gebunden.

Ich nicke ihr freundlich zu, bin aber etwas unsicher. Ich weiß, dass Lena eine Freundin hat, aber ich weiß nicht, wie weit die Freundschaft geht. Sind die beiden lesbisch? Ich habe mir lesbische Frauen immer ganz anders vorgestellt. Männlicher, ruppiger, auf keinen Fall so hübsch und charmant wie die beiden jungen Frauen, die hier vor mir stehen.

Lena scheint meine Gedanken zu lesen. Lächelnd meint sie: »Wir leben zusammen. Du weißt doch, unten in Großdubrau. Dort haben wir in einem schönen sanierten Altbau eine Wohnung.«

»Karina, die Schnitzel!«, ruft eine Mitarbeiterin aus der Küche.

Ich sehe die beiden Frauen entschuldigend an. »Ich muss los. Sonst bekommt ihr gleich nichts zu essen.«

In unserer Ferienoase ist heute, am 6. Dezember 2004, mächtig viel Trubel. Der Frauenfußballverein Großdubrau veranstaltet seine Weihnachtsfeier. Fast dreißig Frauen tummeln sich in der Kneipe. Eine von ihnen ist Lena.

Ich kenne sie schon länger vom Fußballplatz, sie trainiert meine Tochter Mandy und die anderen Mädchen aus der Bezirksliga. Ein paarmal habe ich mit ihr geredet, als ich die Mädchen zum Training gebracht habe. Sie war mir auf Anhieb sympathisch, und ich habe sie zu uns eingeladen. Prompt wurde die Kneipe unserer Ferienoase zum Vereinslokal.

Heute, zwei Jahre später, kenne ich etliche Frauen aus dem Verein. Der Fußballplatz der Damenmannschaft ist ganz in der Nähe, und die Mädels kommen regelmäßig nach dem Training zu uns. Viele besuchen uns auch am Wochenende mit ihren Familien zu Kaffee und Kuchen. Sie sind immer freundlich und lieb und veranstalten alle Feiern bei uns.

Heute gibt es Schnitzel mit Pommes, ein Salatbuffet, Schokoladenmousse und jede Menge Bier. Die Stimmung ist ausgelassen, aber trotz des reichlichen Alkoholkonsums rundherum freundlich und respektvoll.

Frauen können netter feiern als Männer, zumindest ist das meine Erfahrung. Frauenfeste sind harmonischer, und es wird mehr geredet, auch über Privates und Intimes. Außerdem gibt es nie Streit, denn Frauen müssen sich nicht ständig etwas beweisen und bleiben deshalb gelassener. Immer wenn ich Frauen zu Gast habe, läuft alles rund.

Auch diese Weihnachtsfeier macht mir richtig Spaß, obwohl ich mit nur zwei Aushilfen für das Gelingen der kompletten Gastronomie zuständig bin. Ganz schön stressig!

Erst um Mitternacht komme ich dazu, mir eine Tasse Kaffee zu kochen. Zum Runterschalten.

»Komm doch rüber, Karina«, ruft Lena.

Ich schnappe mir den Kaffee, dazu eine Zigarette und setze mich zu ihr und ihrer Freundin an den Tisch. Lena ist Mitte zwanzig und hat kurzes dunkles Haar. Sie trägt gern Jeans und Baumwollblusen.

Ich mag ihre offene, kumpelige Art. Jetzt, wo sie mir mit ihrer Freundin gegenübersitzt, sehe ich sie prüfend an. Kann man wirklich nicht erkennen, dass sie auf Frauen steht? Nein, Lena sieht nicht anders aus als all die anderen Frauen hier im Raum.

Während ich an einem Campari nippe, den mir eine der Aushilfen inzwischen gebracht hat, mustere ich Kathleen. Sie hat etwas sehr Jungenhaftes, und obwohl sie nicht viel älter ist als Lena, wirkt sie ziemlich selbstbewusst. Sie spricht ruhig und klar, hat wache Augen und vertritt zu allen Themen, die zur Sprache kommen, eine klare Meinung.

»Was machst du eigentlich beruflich?«, frage ich sie.

»Ich bin Einzelhandelskauffrau, aber zurzeit habe ich keine Arbeit. Es ist verdammt schwer, hier an der Grenze zu Polen was zu finden.«

»Kann Kathleen nicht bei euch auf der Ferienoase arbeiten?«, fragt Lena dazwischen. »Sie kann gut mit Menschen, und sie liebt Tiere. Überleg doch mal.«

Ich muss nicht lange überlegen. Kathleen ist mir sofort sympathisch. Ich mag Menschen mit einer eigenen Meinung, vielleicht weil sie mich daran erinnern, dass ich früher auch mal eine hatte. Früher, da war ich selbstbewusst und eigensinnig, aber seit ich mit Franz zusammen bin, hat sich vieles geändert. Ich bin stiller geworden, leiser, oder anders ausgedrückt: kaputter.

Wir reden noch lange an diesem Abend. Die beiden Frauen sind sehr einfühlsam. Sie fallen mir nicht ständig ins Wort, wie ich es von Franz kenne, sondern sind höflich und rücksichtsvoll. Es macht Spaß, mit ihnen zusammen zu sein. So sehr, dass ich darüber die Zeit vergesse.

Später kommen noch vier weitere Frauen aus dem Verein an unseren Tisch. Wir reden über Gott und die Welt. Wie schwer die Geschäfte sind, und was wir durch die Wende alles gewonnen oder auch verloren haben. Wir reden auch über unsere Ehen, die Kinder, den ständigen Kampf, finanziell zurechtzukommen.

Es ist ein toller Abend mit tollen Gesprächen. Ganz leicht fliegen die Sätze in unserer kleinen Runde hin und her. Niemand ist eifersüchtig. Niemand belehrt den anderen.

Es gibt keine Zickereien, weil irgendjemand etwas besser weiß.

Es gibt kein Zurechtstutzen, weil man jemanden kleinhalten will.

Es gibt Rücksicht, Höflichkeit und echtes Interesse.

Ich habe viele Nächte mit Gästen verbracht, oft war ich

die einzige Frau. Aber noch nie habe ich unter lauter Frauen gesessen und so freundlich und entspannt geplaudert und mich dabei rundherum wohl gefühlt.

Als sich gegen drei Uhr nachts die Runde auflöst und ich mich ins Auto setze, um die drei Minuten nach Hause zu fahren, fühle ich mich zum ersten Mal seit langem gut.

»Was hattest du in der Kasse?«, murmelt Franz im Halbschlaf, als ich mich zu ihm ins Bett lege.

»Die Kasse steht auf dem Wohnzimmertisch. Ich habe nicht gezählt«, sage ich leise. Und dann füge ich gedankenverloren hinzu: »Es hat mich nicht interessiert.«

~

»Komm, gib her!« Ich nehme Kathleen die schwere Schaufel aus der Hand. »Mach mal eine Pause. Du bist jetzt schon seit acht Uhr dabei. Es ist heiß!«

Kathleen lässt nur widerwillig die Schaufel los. Aber dann lacht sie mich dankbar an, greift nach der Wasserflasche, die ich ihr reiche, und nimmt einen kräftigen Schluck.

»Puh, ist das warm heute! Warum müsst ihr ausgerechnet bei der Hitze das alte Schwimmbad renovieren? Das wäre doch im März viel einfacher gewesen.«

Ich knuffe sie freundschaftlich. »Du hast doch erst im Mai angefangen. Wir haben auf dich gewartet, weil keiner so schön mit Erde spielt wie du!«

Kathleen knufft mich zurück, dann geht sie lachend zum Auto. Es ist zwölf Uhr. Um die Zeit braucht sie immer einen Kaffee und ein Mettwurstbrötchen, also fahren wir zusammen in den Imbiss. Kathleen hat sich die Pause redlich verdient.

Sie ist unglaublich fleißig, ich bin froh, sie eingestellt zu haben. Gleich nachdem mich Lena auf der Weihnachtsfeier gefragt hatte, ob wir ihre Freundin in der Ferienoase beschäftigen könnten, habe ich Franz gefragt. Er war zuerst nicht gerade begeistert, weil er lieber einen Mann gehabt hätte. Aber ich habe ihn überzeugt, dass eine sympathische junge Frau bei den Gästen bestimmt besser ankommt. Nach einem kurzen Vorstellungsgespräch war er sofort einverstanden.

»Die ist nett«, hat er gesagt. »Die kann bestimmt mit den Kindern.«

So ist es. Kathleen fliegen die Kinderherzen zu. Es ist ihre ruhige, unaufgeregte Art, die bei den kleinen Gästen ankommt.

Aber Kathleen kann noch viel mehr: Rasen mähen, Zäune ziehen, Fenster streichen oder – wie jetzt – Beton mischen und ein riesengroßes Schwimmbecken bauen. Sie ist handwerklich gut und unermüdlich bei der Sache. Sie arbeitet für drei, ist engagiert und sieht nie auf die Uhr. Kathleen bleibt so lange, bis die Arbeit erledigt ist.

Hinzu kommt, dass sie Arbeit von selbst sieht. Vom Pferdemist im Stall angefangen bis hin zum kleinsten Fitzelchen Müll – Kathleen erkennt sofort, wo sie etwas saubermachen oder wegräumen muss. Sie ist am Empfang der Ferienoase genauso gut wie beim Thekendienst in der Kneipe und bekommt auf der Terrasse den Grill in Rekordzeit an. Und das Schöne: Sie hat bei alldem immer gute Laune.

Seit Kathleen da ist, macht auch mir die Arbeit viel mehr Spaß. Ich verstehe mich gut mit ihr. Abends kommt dann oft noch Lena vorbei, und wenn etwas Luft ist, sitzen wir zu dritt hinter der Kneipe und quatschen. Ich muss ehrlich sagen, obwohl wir jetzt die Ferienoase schon in die vierte Saison führen, hat mir die Arbeit noch nie so gut gefallen wie in diesem Sommer 2005.

Endlich habe ich jemanden zum Reden. Seit Anne weg ist, hat mir das gefehlt. Früher konnte ich mich ja bei ihr ausheulen, aber heute bleibt dafür nur das Telefon, und das ist einfach nicht dasselbe. Mir fehlt eine Freundin, die mich versteht und die mir einfach mal zuhört, wenn alles über mir zusammenbricht.

Meine Mutter hat früher immer gesagt: »Willst du auf den Arm?« Ja, ich wollte. Und als Erwachsene möchte ich das manchmal auch noch: mich hinter einem starken Rücken verstecken und Verantwortung abgeben. Besonders wenn zwischen Kindergarten- und Schulfahrten, Mittagessen mit den Kindern, Küchendienst in der Gaststätte und Abendschicht in der Ferienoase irgendetwas – oder gleich alles – schiefgeht. Wenn die Lebensmittel nicht pünktlich vor dem Mittagessen geliefert worden sind oder ich aus Versehen eine Gästebuchung verschlampt habe. Wenn dann noch Laura mit Zahnweh aus der Schule abgeholt werden möchte und Mandy beim Ausreiten vom Pferd gefallen ist, dann droht mir alles über den Kopf zu wachsen.

Ein liebevoller Satz, ein bisschen Verständnis, das wäre dann schön. In solchen Momenten würde ich mich gerne an Franz anlehnen, seine Wärme spüren und glauben, dass sich alles fügt.

Aber Franz will nie wissen, wenn es mir schlechtgeht. Und wenn ich es ihm offen sage, meint er nur, ich solle nicht so viel grübeln, sondern lieber mal in Haus 7 nach dem Rechten sehen. Die Gäste wollten verlängern, und es wäre gut, wenn ich mich gleich darum kümmern könnte.

Er versucht, mich mit Arbeit abzulenken. Das ist seine Methode – sich Gefühle einfach wegarbeiten. Für ihn mag das funktionieren, aber nicht für mich.

Franz kann sich einfach nicht in Menschen einfühlen oder sich gar für einen anderen zurücknehmen. Selbst wenn ich mal krank bin, was vielleicht einmal im Jahr vorkommt, ist mit Sicherheit Franz noch kränker und will gepflegt werden. Er lässt nicht zu, dass ich schwach bin, und er will schon gar nicht über meine Gefühle und Befindlichkeiten reden.

Doch jetzt sind da Menschen, die sich Zeit für mich nehmen und zu mir halten. Ich genieße das, es tut mir unglaublich gut.

Lena und Kathleen gehen nicht einfach darüber hinweg, wenn ich sage, dass ich nicht mehr weiß, wie ich das alles packen soll. Sie hören zu, fragen nach.

»Erzähl mal, was ist denn heute so schlimm? Können wir dir etwas abnehmen?« Sätze, die ich so noch nie von Franz gehört habe.

Ich kann mich auch aussprechen, wenn ich ein schlechtes Gewissen habe. So wie kürzlich, als ich nicht zu Lauras Schulfest gehen konnte, dabei ist sie doch erst in der dritten

Klasse. Ausgerechnet für den Nachmittag hatte sich ein Bus mit Berliner Gästen angekündigt, und ich musste den Grill fertigmachen. Franz meinte, Laura habe kein Problem damit, wenn ich nicht dabei sei, basta! Und dann ging's wieder an die Arbeit.

Lena und Kathleen nahmen meine Gefühle ernst.

Kathleen legte mir den Arm um die Schulter und meinte, dass sie mein schlechtes Gewissen verstehe, aber dass ich mir auch sagen müsse, welch eine wunderbare Kindheit ich meinen Mädchen hier draußen böte. Jeden Nachmittag seien sie mit mir im Freien, sie wüchsen mit Tieren auf und lernten immer wieder nette Menschen kennen. Da sei es nicht schlimm, wenn ich mal nicht dabei sein könne.

Lena meinte, ich sei eine tolle Mutter, und es sei nicht entscheidend, wie viel Zeit man mit seinen Kindern verbringe, sondern wie intensiv die Begegnungen seien. Ihr sei aufgefallen, sagte sie, dass ich fast immer den richtigen Ton mit meinen Mädels treffe und dass sie mich lieben, so wie ich bin.

Nach dieser Aufmunterung ging es mir gleich viel besser. Ich quälte mich nicht länger mit Selbstvorwürfen, sondern erklärte Laura, dass wir Gäste bekämen und dass sie mir helfen dürfe, Servietten zu falten. Nach der Feier würde ich sie in der Schule abholen. Meine Jüngste war damit zufrieden und ging glücklich zum Schulfest – ohne mich. Und ich hatte wieder Kraft, die Gäste zu empfangen.

Ich habe daraus gelernt: Es kann alles so leicht sein, wenn man Menschen um sich hat, die einen verstehen und die für einen da sind, wenn man Hilfe braucht.

Warum kann Franz mir diese Rückendeckung nicht geben? Ich frage ihn nicht danach. Er würde mich ohnehin nicht verstehen.

~

»Warum bloß? Warum immer dann, wenn Leute dabei sind?« Ich sitze hinter der Kneipe der Ferienoase auf einer Bank und möchte mich am liebsten verkriechen. Mir ist das alles so peinlich. Franz hat mich vor den Gästen und dem Personal wie ein ungezogenes Kind heruntergeputzt. Es ging wie immer um Kleinkram. Ich hatte vergessen, das große Mannschaftszelt auszufegen, das Franz für die Übernachtung einer Schulklasse aufgebaut hatte. Unsere Töchter waren aus Spaß mit den Ponys hindurchgeritten, und dabei hatte eins der Tiere etwas fallen gelassen. Und da im selben Moment Gäste anreisten, die ich begrüßen musste, hatte ich die blöden Pferdeäpfel vergessen.

Es ist Juli 2005, ein superheißer Sommertag, und bei uns brennt die Hütte, wie Franz gern sagt. Auf der Terrasse ist jeder Tisch besetzt, und wir haben nur zwei statt der üblichen drei Aushilfen.

Im großen Zelt riecht es jetzt wegen der Hitze mehr als unangenehm. Gäste haben sich beschwert. Gut, das war mein Fehler, und ich hatte mich selbst schon genug darüber geärgert, da brauchte ich nicht noch einen dummen Spruch von Franz. Was heißt dummen Spruch, ich brauchte es auf keinen Fall, dass er mich vor allen Leuten herunterputzte.

Natürlich hat er auch Stress, sonst würde er nicht so ausfallend werden. Ich weiß ja, wie schnell er ausrastet, besonders wenn er unter Druck steht. Ich habe sonst immer Verständnis für ihn, aber das eben ging mir entschieden zu weit. Ich habe mich schon fast daran gewöhnt, dass er mich zusammenstaucht, wenn wir allein sind. Aber vor Gästen oder, noch schlimmer, vor meinen Kindern, nein, das kann ich nicht hinnehmen.

Die Ausrede »Ich bin halt Choleriker« lasse ich nicht mehr gelten. Er muss sich zusammenreißen! Sonst drehe ich irgendwann auch durch, und wie das dann aussieht, das möchte ich mir lieber nicht vorstellen.

»Ach, hier bist du«, höre ich eine Frauenstimme. Lena steht neben mir. Sie hat eine Tasse Kaffee in der Hand. »Komm, trink mal. Das wird dir guttun.«

Sie setzt sich zu mir auf die Bank im Schatten. Ich lehne mich zurück und nippe an dem Kaffee. Lange sagen wir beide kein Wort. Wir sitzen nur nebeneinander, stumm, aber vertraut.

Plötzlich steht auch Kathleen da. »Soll ich uns Kuchen holen?«, fragt sie. »Der ist gut für die Seele.«

Lena summt: »Aber bitte mit Sahne …!«

Wenig später hocken wir drei Frauen wie die Hühner auf der Stange auf der Holzbank hinter dem Haus und genießen Kaffee und Kuchen mit ganz viel Schlagsahne.

Lena legt ihre Hand auf mein Bein und meint: »Weißt du, Karina, es gibt nur zwei Möglichkeiten: Entweder du wehrst dich und machst ihm klar, dass du so was nicht duldest. Oder du legst dir ein dickes Fell zu. Dann guckst du dir an, wie er tobt, lächelst und denkst dir deinen Teil. Wer schreit, ist hilflos. Wenn einem Brüllköppe wie dein

Franz leidtun, ärgert man sich weniger. Denk immer daran: Starke Menschen müssen nicht schreien.«

Kathleen hat mich die ganze Zeit über mitleidig angesehen. »Seit wann geht er denn so mit dir um?«, fragt sie jetzt leise.

»Ach, eigentlich von Anfang an«, sage ich, und plötzlich kullern mir dicke Tränen über die Wangen. Ich wische mir schnell mit dem Handrücken durchs Gesicht, doch der Tränenfluss ist nicht zu stoppen. Offenbar haben Franz' Beleidigungen dieses Mal das Fass zum Überlaufen gebracht. Ich fühle mich so klein, so gedemütigt. Wie stehe ich denn vor dem Personal und den Gästen da? Wie soll ich meinen Kindern eine Mutter sein, die sie respektieren, wenn sie vorgemacht bekommen, wie man auch mit mir umgehen kann?

Und noch etwas beschäftigt mich: Wie konnte ich es so weit kommen lassen? Warum habe ich jahrelang zugelassen, dass Franz mich so klein macht? Es kann doch nicht nur am Altersunterschied liegen, dass ich mich von ihm so herumschubsen lasse.

Klar, anfangs habe ich ihn bewundert. Er war der tolle Wessi, ich das dumme Ossi-Mädchen. Er war ein riesengroßer Baum und ich das kleine Pflänzchen. Doch das Missverhältnis hat sich längst gelegt. Ich bin gewachsen, älter und erfahrener geworden. Franz hat sich dagegen nicht mehr viel entwickelt. Mittlerweile weiß ich, dass er ein riesengroßer Blender ist. Er mag den Auftritt, aber hinter den Kulissen kocht er auch nur mit Wasser. Er hat in unserem gemeinsamen Leben nicht immer nur gute Entscheidungen getroffen. Genau wie ich macht auch er Fehler.

»Es steht ihm nicht zu, mich so herunterzuputzen«, schluchze ich jetzt. Meine Güte, die Tränen strömen wie ein Wasserfall!

Kathleen legt mir einen Arm um die Schulter, hält mich fest. »Nun nimm diese Brüllerei nicht so ernst. Franz hat auch viele gute Seiten. Du solltest einfach mal mit ihm sprechen.«

Ich schüttele den Kopf, sage: »Das geht nicht. Er lässt nicht mit sich reden. Er will einfach immer das Kommando haben.«

Lena versucht, mich zu beruhigen. »Aber ihr müsst doch miteinander reden. Das ist wichtig. Franz ist ein wirklich netter Kerl, ich mag ihn. Und du machst einen tollen Job hier. Glaub mir, ohne dich wäre er komplett aufgeschmissen. Also, versucht die Sache in den Griff zu bekommen, und dann kann alles normal weitergehen. Wenn du dich nicht wehrst, wird er nie verstehen, dass du unzufrieden bist.«

Mir tut es so gut, über meine Probleme zu sprechen, und ich bin froh, dass Lena so oft herkommt und für mich da ist. Noch besser verstehe ich mich allerdings mit Kathleen. Es ist schön, sie hier den ganzen Tag in der Ferienoase zu haben. Sie ist mir im Laufe der letzten Wochen richtig ans Herz gewachsen und längst mehr als eine Mitarbeiterin. Sie ist wie eine Freundin. Ich kann ihr vertrauen und mich in jeder Hinsicht auf sie verlassen. Ein schönes Gefühl.

»Magst du noch ein Stück?«, fragt sie mich jetzt und blinzelt mir aufmunternd zu.

Kathleen hat recht. Kuchen mit Sahne, das ist etwas für die Seele. Ich fühle mich schon viel besser.

Und was mache ich mit Franz? Ich werde heute Abend mit ihm reden. Er darf mich nicht mehr anschreien.

~

Franz war offenbar müde. Oder ist er betrunken? Ich weiß es nicht. Als ich nach Hause komme, liegt er schnarchend im Bett. Aus dem so dringend notwendigen Gespräch wird dann heute wohl nichts mehr.

Es ist neun Uhr abends, und in der Ferienoase ist es jetzt endlich ruhig. Commerau feiert sein alljährliches Heidefest, und die Einheimischen und ihre Gäste sind auf dem Festplatz. Ich kann vom Wohnzimmerfenster aus die Zeltspitzen sehen. Schlagermusik dröhnt herüber, dazwischen Wortfetzen und fröhliches Gelächter. Die Stimmung muss prima sein.

Franz und ich gehen nie zu solchen Festen. Wie auch? Wir haben den größten Gastronomiebetrieb am Ort und müssen geöffnet haben, für all jene, die auf dem Heimweg noch einen Absacker möchten. Vermutlich hat Franz die Gaststube heute unserem Kellner überlassen. So früh legt er sich normalerweise nie auf die faule Haut.

Eigentlich wollte ich auch noch aufs Fest gehen. Die komplette Frauenfußballmannschaft ist dort und wartet auf mich.

»Komm doch auch«, hat mich Kathleen gebeten.

Heute Morgen war ich noch begeistert, aber dann kam

am Nachmittag diese Sache mit Franz. Irgendwie ist jetzt die Luft raus. Ich bin müde und lege ich mich aufs Ohr. Ich fühle mich ausgebrannt.

Das Surren einer SMS weckt mich.

»Was ist los?«, brummt Franz.

Ich krame nach meinem Handy, das auf dem Nachtschrank liegt.

»Kommst du noch? Ich warte! Kathleen«, lese ich auf dem Display.

»Wer war das?«, fragt Franz.

Ich halte ihm das Telefon hin. »Hier, lies! Die Mädels wollen, dass ich aufs Heidefest komme. Aber ich weiß nicht, ob ich noch Lust habe.«

Franz brummelt: »Was willst du denn da? Schlaf lieber weiter!« Dann dreht er sich um, und Sekunden später höre ich ihn schon wieder schnarchen.

Na bravo, einmal im Jahr ist Dorffest, und ich soll schön weiterschlafen, damit ich morgen auf jeden Fall fit genug für die Arbeit bin!

Ich bin jetzt hellwach und richtig sauer. Ich bin es so leid, von Franz immer nur angetrieben zu werden.

Andererseits, wenn ich jetzt noch ausgehe, bin ich morgen total müde. Es wäre unvernünftig. Aber muss ich eigentlich immer vernünftig sein?

Auf der Straße höre ich ein paar junge Leute. Sie lachen und albern. Einer bläst unablässig in eine Tröte. Ein Mädchen singt.

Jetzt dreht sich ein Schlüssel in der Wohnungstür. Sarah und Mandy kommen heim. Es ist genau ein Uhr nachts, und ich hatte meinen beiden Teenies erlaubt, so lange zu bleiben. Es ist ja nur einmal im Jahr Dorffest. Sie wundern sich, als ich plötzlich im Wohnzimmer stehe.

»Mutti, wo willst du denn hin?«

»Zum Fest«, sage ich trotzig, und Sarah steigt gleich voll ein. »Bist du nicht etwas zu alt dafür? Da ist jetzt nur noch Jungvolk!«

Zu alt? Ich spüre, wie Wut in mir aufsteigt. Ich bin sechsunddreißig Jahre alt, und ich kann auch um halb zwei noch auf ein Fest gehen!

»Bin in fünf Minuten am Zelteingang«, simse ich zurück.

Dann laufe ich ins Schlafzimmer und ziehe mir schnell frische Kleidung an. Ich bürste mir noch die Haare, und das war's. Lippenstift, Make-up, Rouge, so etwas besitze ich gar nicht. Ich habe mich noch nie in meinem Leben geschminkt. Bei anderen Frauen mag ich es, wenn sie sich aufrüschen, aber für mich ist das nichts. Ich bin mehr der burschikose, sportliche Typ.

Ich freue mich, gleich noch einmal loszuziehen.

Wie lange bin ich schon nicht mehr abends ausgegangen? Fünf Monate, sechs Monate? Ich weiß es nicht mehr. Es ist schon so lange her.

Sarah wartet vor dem Bad auf mich. Sie lacht und sagt: »Ich komme mit, dann passiert dir wenigstens nichts.«

Eingehakt und bestens gelaunt gehe ich mit meiner Großen die paar Schritte über die Straße zum Zelt und genieße jeden Moment.

Heute ist der Tag, an dem sich mein Leben ändert. Die

alte Karina, die sich anschreien und als Arbeitssklavin behandeln lässt, die wird es nicht mehr geben.

~

»Magst du tanzen?«, fragt Kathleen, die schon am Eingang auf mich wartet. Sie sieht total niedlich aus: hellblaue Jeans, weißes T-Shirt, dazu Turnschuhe. Die langen braunen Haare sind frisch geföhnt, ihre Lippen burgunderrot geschminkt, und sie duftet nach einem fruchtigen Parfüm.

Ich weiß nicht, warum mir plötzlich so heiß wird. Tanzen? Ja, klar mag ich tanzen. Aber mit einer Frau? Das ist mir schon fremd. Und alle im Dorf wissen doch, dass Kathleen lesbisch ist. Hinterher hängt man mir noch eine Beziehung mit einer Frau an!

Das würde mir gerade noch fehlen. Ich bin froh, dass die Leute endlich meinen Wessi-Franz akzeptiert haben.

»Hast du ein Problem damit, mit einer Frau zu tanzen?«, bohrt Kathleen nach.

Ich will ihr nicht weh tun und bleibe betont cool. »Nee, warum denn? Aber lass uns erst mal losziehen. Mal sehen, was sich ergibt«, wiegele ich ab und laufe beim Betreten des Zelts fast Lena über den Haufen. Sie hat uns schon gesucht. Zu dritt ziehen wir an die Theke. Sarah ist gleich zu ihren Freundinnen gegangen und hat uns noch grinsend zugerufen, dass wir ihr zu alt sind.

Es gibt frischgezapftes Bier. Die Stimmung ist großartig. Wir lachen, singen Schlager von Matthias Reim und schunkeln wie die Weltmeister.

Es ist schon kurz vor drei, als die Erste vom Fußballclub geht. Auch Lena will los.

»Ich muss morgen früh raus«, meint sie und beugt sich schnell zu Kathleen. »Kommst du mit?«

Kathleen schüttelt den Kopf. »Nee, ich bleibe noch. Geh schon vor. Ich habe einen Schlüssel.«

Lena scheint nicht glücklich darüber zu sein. Es gibt einen kurzen Wortwechsel zwischen den beiden Frauen. Ich verstehe bei der lauten Musik kein Wort, sehe nur, dass ihre Gesichter angespannt sind. Lena wirkt ärgerlich, als sie schließlich geht. Sie winkt noch schnell in die Gruppe und lächelt mir etwas gequält zu. Dann macht sie sich auf den Weg.

Ich muss auch morgen früh raus, aber heute ist eine Nacht, da ist es mir egal, was morgen ist. Bestimmt werde ich hundemüde sein, aber das bin ich sowieso immer. Ich will nicht nur an meine Pflichten denken, ich will einfach mal meinen Spaß haben.

»Ich nehme noch ein Bier«, rufe ich über den Tresen. Die Band spielt Musik von Howard Carpendale. Gerade läuft mein Lieblingslied »Hello again«.

~

»Lass uns jetzt tanzen! Bitte!« Kathleen steht neben mir und macht aus Spaß einen Diener.

»Oh, ganz alte Schule«, scherze ich. »Aber gern!«

Ich pfeife darauf, was die Leute sagen. Heute bin ich einfach mal nicht diszipliniert. Die zwei Gläser Bier haben mich locker gemacht. Kathleen zieht mich an der Hand auf die Tanzfläche, und dann drehen wir uns zur Musik. Zum ersten Mal in meinem Leben tanze ich mit einer Frau, und es klappt wunderbar.

Kathleen hat ein tolles Rhythmusgefühl, ich überlasse ihr gern die Führung, zumal ich eine miserable Tänzerin bin. Unterricht habe ich nie gehabt, und Franz tanzt nicht mit mir, er findet das affig.

Aber hier mit Kathleen zu den flotten Schlagern über die Tanzfläche zu wirbeln, das ist richtig toll.

Jetzt spielen sie »Sierra Madre«, einen Schmusetitel. Was nun?

Kathleen sieht mir meine Ratlosigkeit an und reagiert schnell. Sie zieht mich fester an sich. Ich spüre ihren Busen, die Hüfte, rieche ihren Atem. Ihr Haar streift mein Gesicht.

Wie das wohl aussieht? Zwei Frauen, die sich eng umschlungen auf der Tanzfläche wiegen. Ab morgen wird das ganze Dorf tuscheln: »Die von der Gaststätte hat was mit Frauen!«

Die Leute sind doch doof, beruhige ich mich selber. Die können sich nicht vorstellen, dass man einfach mit seinen Freundinnen Spaß haben kann.

Kathleen ist inzwischen die beste Freundin, die ich hier habe. Wir verstehen uns ohne viele Worte. Diese Zweisamkeit, diese Zusammengehörigkeit, dieses gegenseitige Verständnis – das kenne ich aus meiner Ehe nicht. So traurig es ist.

Ich spüre jetzt Kathleens Hand, die sanft über meinen Rücken streicht. Sie ist so lieb, so zärtlich. Meine Güte, tut das gut! Ich spüre ihren Atem auf meiner Haut. Ihre Lippen streifen meinen Nacken. Was war das? Hat sie mich geküsst? Ich bin doch keine Lesbe!

Etwas erschrocken versuche ich, mich aus ihrer Umarmung zu winden. Kathleen sieht mich unsicher an. Sie hat offenbar Angst, etwas falsch zu machen. Erst als ich sie anlächele, zieht sie mich wieder an sich, und das Spiel beginnt von vorn. Während wir uns zum Takt von Udo Jürgens' »Griechischer Wein« wiegen, gleitet ihre Zunge sanft über mein linkes Ohr. Ich schmiege mich noch enger an sie. Meine Güte, was ist bloß los mit mir? Ich muss nach Hause.

»Lass uns gehen, Kathleen!« Der Satz kommt mir eine Spur zu barsch über die Lippen. Das tut mir leid.

Ich schiebe Kathleens Arm zur Seite und nehme ihre Hand. »Komm, wir gehen. Es ist spät. Ich muss morgen früh raus.«

~

Draußen ist es stockfinster. Es gibt kaum Beleuchtung. Bis zu mir sind es nur ein paar Minuten zu Fuß, aber Kathleen wohnt gut acht Kilometer entfernt. Ich mag sie nicht allein gehen lassen.

»Komm, ich bringe dich nach Hause«, sage ich. »Lass uns schnell das Auto holen.«

Kathleen lacht mich an und hakt sich bei mir unter. Sie ist deutlich angetrunken und kichert albern herum. Das Auto steht bei mir vor der Gaststätte. Auf dem Weg dahin legt mir Kathleen den Arm um die Taille. Ich mache es bei ihr genauso, und eng umschlungen zuckeln wir durch die

Straßen und reden. Ich frage Kathleen, ob Lena sauer war, weil sie nicht mit nach Hause gekommen ist.

Kathleen nickt. »Ja, ich glaube schon. In letzter Zeit streiten wir viel, weißt du.«

Als ich das Auto aufschließe und Kathleen auf den Beifahrersitz rutscht, erzählt sie von ständigem Hickhack und endlosem Gezerre um Kleinigkeiten. Sie hört auch nicht auf zu reden, als wir schon längst vor ihrer Haustür angekommen sind. Die Probleme in ihrer Beziehung mit Lena scheinen ihr auf der Seele zu liegen.

Es ist heiß, die Luft im Auto ist stickig. »Lass uns draußen noch etwas sitzen«, meint Kathleen, redet aber immer weiter, ohne auszusteigen.

»Lena und ich sind jetzt seit sechs Jahren zusammen, und wir hatten wirklich schöne Zeiten, aber inzwischen ist alles nur noch Routine. Wir sprechen wenig miteinander, und wenn, dann geht es um den Fußballverein, um Versicherungen oder wer welche Einkäufe aus der Stadt mitbringt. Was uns innerlich bewegt, unsere Ängste, Träume und Wünsche, das ist längst kein Thema mehr zwischen uns. Ein bisschen liegt es auch daran, dass Lena alles mit ihren Eltern teilt. Sie sind ihre engsten Vertrauten, und glaub mir, sie sind ihr viel wichtiger als ich. Irgendwie gibt sie mir das Gefühl, dass ich nur die zweite Geige in ihrem Leben spiele. Bei mir ist das anders: Was mich wirklich bewegt, möchte ich am liebsten mit meiner Partnerin besprechen. Ach, manchmal denke ich, dass wir überhaupt nicht zusammenpassen.«

Kathleen erzählt und erzählt, und ich kann erst gar nicht

glauben, dass es um die Beziehung der beiden so schlecht steht. Auf mich hat das immer ganz anders gewirkt.

»Lena wird bestimmt böse, wenn du jetzt nicht hochgehst«, versuche ich, ihr Ärger zu ersparen.

Kathleen schüttelt den Kopf. »Nein, nein, keine Sorge. Aber ich gehe jetzt auch.«

Sie steigt aus dem Auto und kramt in ihrer großen schwarzen Leinentasche. Wie sie da im Scheinwerferlicht meines Autos steht, sieht sie einfach nur niedlich aus. Ohne Make-up, die Haare zerzaust, kramt sie in ihrer Tasche und sucht nach dem Schlüssel.

»Hurra, gewonnen!«, ruft sie plötzlich fröhlich und meint dann zu mir: »Komm doch noch ein bisschen mit. Lena schläft bestimmt. Lass uns noch etwas quatschen, ich kann sowieso nicht schlafen.«

Ich kann auch nicht schlafen, dafür bin ich viel zu aufgedreht. Also steige ich aus und setze mich zu Kathleen auf die Treppenstufen vor ihrem Haus.

Es ist komisch, wir müssten eigentlich todmüde sein, stattdessen sind wir total aufgekratzt.

Kathleen erzählt jetzt von ihren früheren Freundinnen und warum die Beziehungen nicht gehalten haben.

Und ich erzähle ihr von meinen Erfahrungen, meinen Jugendlieben und natürlich viel von Franz.

Es ist schön mit Kathleen, wir können einfach gut miteinander reden. Aber es wird nicht beim Reden bleiben, das spüre ich in dieser Nacht genau.

Es sind diese paar Stunden, die mein Leben verändern werden. Denn genau auf diesen Stufen passiert es. In dieser

Nacht verliebe ich mich in Kathleen. Unerwartet und unsterblich. Gefühle, die mein ganzes bisheriges Leben durcheinanderwirbeln und dafür sorgen, dass nichts mehr so bleibt, wie es einmal war.

Wir reden über Frauenliebe, oder besser: Kathleen erzählt davon. Ich stelle nur Fragen. Fragen, die in meinem Kopf und in meinem Herzen einen immer größeren Raum einnehmen. Ich will wissen, woran eine Frau merkt, dass sie statt Männern Frauen liebt. Dabei ist die Frage überflüssig. Ich spüre es längst.

KAPITEL 8

»Ich möchte gerne in die Disco nach Bautzen. Kommst du mit?«

Es ist acht Uhr abends, als die SMS im Display meines Handys aufblitzt.

Laura, unsere Kleine, ist gerade ins Bett gegangen, Sarah und Mandy machen noch Schulaufgaben und wollen auch früh schlafen gehen. Franz hat heute Thekendienst in der Gaststube. Es ist ruhig unten, deshalb konnte ich schon hochgehen. Ich bin ziemlich müde. Die Saison ist anstrengend. Man merkt, dass langsam die Reserven schwinden.

Zudem beschäftigt mich die Sache mit Kathleen. Die letzten Tage waren komisch. Wir haben beide so getan, als hätte es das Heidefest nicht gegeben, und einfach ganz normal weitergemacht.

Aber wir sind nicht mehr Chefin und Angestellte und auch nicht mehr zwei Freundinnen, die zusammenarbeiten. Wir sind etwas, für das ich keinen Namen finde.

Wir reden auch weiterhin viel miteinander, nur nicht über das, was uns vielleicht verbindet und was mich so sehr beschäftigt, dass ich Mühe habe, mich auf meinen Alltag zu konzentrieren.

Denn eins steht fest: Zwischen Kathleen und mir herrscht eine ungewöhnliche Spannung. Ich suche dauernd ihre Nähe und bin glücklich, wenn sie bei mir ist.

Es ist schön, wenn sie morgens an der Theke in der Kneipe der Ferienoase dicht neben mir steht und wir zusammen unseren ersten Kaffee trinken.

Es ist schön, wenn sie ihr Kuchenstück teilt und die eine Hälfte zu mir rüberschiebt.

Und es durchzuckt mich vom Scheitel bis zu den Fußspitzen, wenn wir uns im Vorübergehen zufällig berühren.

Wenn sie während der Arbeit den Arm um mich legt, um mir schnell etwas von den Gästen zu erzählen, möchte ich die Welt anhalten und bis in alle Ewigkeit ihre Wärme genießen.

Aber was das ist, das mich so anzieht, darüber will ich mir keine Gedanken machen. Ich will einfach nur dieses unbekannte Wohlgefühl, dieses spannende Kribbeln genießen. Nicht mehr und nicht weniger.

Und jetzt ist da diese SMS.

Kathleen möchte mit mir in die Disco. Was soll ich Franz sagen? Ich gehe sonst nie abends ganz alleine weg, schon gar nicht mitten in der Woche. Vor einer Stunde habe ich noch über Kopfschmerzen und Müdigkeit geklagt und zeitig Feierabend gemacht. Und dann will ich jetzt plötzlich tanzen gehen? Mit Kathleen, unserer Angestellten? Gut, morgen ist Ruhetag, Franz kann also ausschlafen. Ich könnte ihm sagen, dass eine Frau aus Lenas Fußballmannschaft Geburtstag hat. Das würde er schlucken. Immerhin muss ich mich als Gastronomin bei unseren Stammgästen mal blicken lassen. Aber will ich mich auf so ein Spiel einlassen?

Unruhig tigere ich im Wohnzimmer auf und ab. Was soll ich tun? Was passiert, wenn ich mich jetzt allein mit Kathleen treffe? Ich habe Angst vor der Situation und noch mehr Angst vor mir selber.

Aber ich entscheide gar nicht mehr selber. Wie von einem unsichtbaren Band gezogen, steuere ich das Schlafzimmer an und ziehe mich um. Ich will hübsch sein – für Kathleen. Ich wähle Jeans und Bluse, dazu Turnschuhe. Als ich mir die Haare kämme und mich im Spiegel sehe, schließe ich die Augen. Kann es sein, dass ich jemand ganz anders bin, als ich immer dachte, und es nur nicht wahrhaben will?

Egal, dann ist es eben so!

»Ich komme mit!«, schreibe ich Kathleen und lege Franz einen Zettel hin, dass ich zu einem Geburtstag gehe. Ich mag ihn nicht gern beschummeln, aber ich kann nicht anders.

»Ich warte in Großdubrau an der Kreuzung«, kommt es sofort zurück.

~

»Ich will noch nicht nach Hause«, sagt Kathleen in die Stille. Wir sitzen zusammen in meinem Van und sind beide sehr einsilbig. Zwei Stunden haben wir in der Disco nach unseren Lieblingsoldies getanzt, die meiste Zeit ganz eng. Kathleen hat mir sanft dabei den Hals gekrault.

Anders als beim Dorffest habe ich dieses Mal ihre Zärtlichkeiten richtig genossen. Wir waren fünfzehn Kilometer von Commerau entfernt, und die meisten Discobesucher waren deutlich jünger als wir. Mir war egal, was sie denken. Es gab sowieso nur Kathleen und mich auf dieser Welt.

Gegen Mitternacht sind wir gegangen. Seitdem fahren wir durch die Nacht. Ziellos. Keine von uns spricht, wir sitzen nur stumm nebeneinander.

Ich bin überwältigt von meinen verwirrenden Gefühlen für diese Frau und weiß nicht, was ich denken soll. Es ist, als ob etwas Fremdes Besitz von mir ergriffen hätte. Was mit mir passiert, ist wunderschön, aber auch unheimlich. Denn wer verliert schon gern die Kontrolle über sich?

Die Straßen sind längst menschenleer, und nur noch ganz selten kommt uns ein Fahrzeug entgegen.

Irgendwo hat noch eine Tankstelle geöffnet. »Lass uns einen Kaffee trinken«, schlägt Kathleen vor.

Und dann sitzen wir beide mitten in der Nacht auf zwei Barhockern an einem Bistrotisch und schlürfen heißen Kaffee. Wir müssen wirken wie zwei Gestrandete, Heimatlose, dicht aneinandergeschmiegt und irgendwie verlegen.

Ein Angestellter trägt zwei Stapel Zeitungen herein. Die Bildzeitung titelt mit »Ulrike Folkerts – So wurde ich lesbisch!«. Die Zeile springt mir sofort ins Auge.

»Die Folkerts? Hättest du das gedacht?«, frage ich und reiße dem Mann das Blatt förmlich aus der Hand. Ich überfliege den Artikel im Stehen, lese, dass diese tolle Schauspielerin seit vielen Jahren mit einer Frau zusammenlebt, es aber aus Karrieregründen lange Zeit verschwiegen hat. Sie wollte ihre vielen männlichen Fans nicht vergraulen.

»Kathleen, lies mal«, sage ich und halte ihr die Zeitung hin. »Hier, die Folkerts, das hätte ich nie für möglich gehalten. Du? Du kennst dich doch da aus. Hast du ihr das angesehen?«

Kathleen meint nur: »Na klar!«, und lässt mich so aufgewühlt einfach am Tisch sitzen, um sich ein Käsebrötchen zu holen.

Als sie zurückkommt, hat mich das Thema immer noch im Griff.

»Stell dir das mal vor«, sage ich aufgebracht. »Die Frau muss jahrelang ihre Freundin verleugnen, nur damit die Fans nicht merken, dass sie zwar im Film reihenweise die Männer antörnt, in Wirklichkeit aber gar nicht an ihnen interessiert ist. Das ist doch grausam. Du lebst ständig im Verborgenen, nie kannst du gemeinsam als Paar auftreten, immer musst du dir Lügengeschichten ausdenken. ›Das ist nur eine gute Freundin, mein Mann ist gerade auf Geschäftsreise‹«, äffe ich etwas albern eine mögliche Ausrede nach. »Und versetz dich doch mal in die Rolle der Freundin. Ständig muss sie sich wegducken, sich verstecken, damit niemand merkt, dass sie von einer Frau geliebt wird, von der jeder erwartet, dass sie auf Männer steht. Ich finde das grausam. Kathleen, da ist dein Weg mit Sicherheit der bessere.«

Kathleen nickt zustimmend und knabbert genüsslich an ihrem Brötchen.

Nach einer Weile meint sie: »Ich weiß, deshalb stehe ich auch offen zu meiner Orientierung. Ich habe keine Lust, aus meinem Leben ein Märchen zu machen. Ich muss ja nicht jedem gleich bei der Begrüßung auf die Nase binden, mit wem ich mein Bett teile. Aber ich mache auch kein Geheimnis daraus. Wer fragt, kriegt eine Antwort. Ich stehe nun mal auf Frauen, basta! Wem das nicht gefällt, der muss ja nichts mit mir zu tun haben. Dieses ständige Getuschel, ist sie oder ist sie nicht, nee, damit habe ich nichts am Hut.«

Ich lege die Zeitung beiseite. Kathleen hat recht. Was soll denn das ganze Theater? Es ist doch unwichtig, ob Frauen Frauen oder Männer lieben. Was geht das Freunde, Kollegen, Nachbarn an?

Kathleen wirkt plötzlich ganz ernst. Sie nimmt meine Hand, hält sie fest und sieht mir lange in die Augen.

Ich blicke unruhig zu Boden.

»Weißt du, Karina, nicht, ob man einen Mann oder eine Frau liebt, hat Bedeutung. Wichtig ist, dass man den richtigen Menschen liebt, mit dem man zusammenleben kann. Einen Menschen, der einen inspiriert, der einen versteht und auf den man sich verlassen kann, am besten lebenslang.«

Ich ahne, worauf sie hinauswill. Ihre Probleme mit Lena.

Kathleen lehnt sich nachdenklich gegen das rote Plastikpolster. Wir sitzen direkt am Fenster. Draußen ist es stockfinster, nur ab und zu fährt ein Auto vorbei. Jetzt biegt ein Wagen ab und rollt auf die Zapfsäule zu. Wir schweigen beide und beobachten abwesend, wie ein Mann aussteigt, den Tankstutzen aus der Säule nimmt und in den Autotank steckt.

»Weißt du, was das Schlimme ist? Lena und ich haben doch diese Reise an die Ostsee gebucht. Erinnerst du dich?

In drei Wochen soll's losgehen, natürlich wie immer mit ihren Eltern.« Kathleen sieht mich an. »Karina, ich habe keine Lust zu fahren. Am liebsten möchte ich das alles platzen lassen und mich von Lena trennen. Aber ich will nicht unfair sein, ich will sie nicht verletzen. Dabei wäre es die beste und ehrlichste Lösung. Wir leben seit einem Jahr nur noch nebeneinanderher, auch sexuell. Unsere Beziehung ist tot. Mausetot.«

Kathleen tut mir leid. Sie sieht traurig aus.

Meine Beziehung zu Franz ist nicht mausetot. Im Gegenteil, wir reiben uns ständig aneinander. Meistens lautstark. Vielleicht ist das besser, als wenn man gar nicht mehr miteinander spricht. Aber wir reiben uns auch nur an Dingen, die unsere Geschäfte betreffen. Welches Personal sollen wir einstellen? Haben wir genug Buchungen? Welche Gäste haben sich angemeldet?

Wovon ich träume oder wonach ich mich sehne, weiß Franz nicht. Er hat mich das in den letzten zehn Jahren nicht ein einziges Mal gefragt. Ehrlich gesagt, glaube ich, dass es ihm auch ziemlich egal ist. Doch ich muss fair sein, denn ich weiß genauso wenig, was in ihm vorgeht. Vielleicht sind wir ja beide nicht einfühlsam genug? Oder wir haben schlicht keine Kraft mehr, uns für den anderen zu interessieren?

Doch trotz aller Probleme zwischen uns habe ich nie ernsthaft an Trennung gedacht. Natürlich gab es Momente, da wollte ich mich am liebsten ins Auto setzen und einfach abhauen. Zu meinen Eltern kann ich immer kommen, das weiß ich genau, auch mit drei Kindern. Aber da ist das Geschäft. Franz und ich haben so lange dafür geracktert, an vielen, vielen Tagen bis zur totalen Erschöpfung. Wenn wir uns trennen würden, könnte ich das Ganze allein führen, auf dem Papier gehört ja alles mir. Aber dann wäre ich eine Betrügerin. Und was würde aus Franz? Er ist schließlich schon fünfundsechzig. Nein, das ist alles nicht das, was ich will.

»Ups, Kathleen, es ist halb drei. Wir müssen«, sage ich nach einem Blick auf die Armbanduhr.

Kathleen springt sofort auf. »Los, komm, zu Hause erwartet mich jetzt bestimmt ein Donnerwetter. Und Franz wird auch nicht gerade jubeln, wenn du um drei Uhr nachts ins Haus schleichst. Stimmt's?«

Ich nicke. Ja, auch bei mir wird es wahrscheinlich ein Donnerwetter geben, aber was soll's! Die schönen Stunden sind es mir wert.

Kathleen hakt sich wie immer bei mir ein.

Wir winken beide noch fröhlich dem Tankwart zu, der jetzt mutterseelenallein auf den Morgen warten muss.

Wenig später sitzen wir wieder im Auto und fahren los. Es sind nur noch zehn Minuten bis Commerau. Zehn Minuten, auf die ich mich richtig freue. Warum? Weil Kathleen neben mir sitzt.

Es ist schön, so zu zweit durch die Dunkelheit zu rauschen. Wir sitzen stumm nebeneinander, sehen nur die Scheinwerferkegel vor uns auf und ab tanzen und genießen es, dieselbe Luft zu atmen.

Ja, ich will es, denke ich auf einmal wie aus heiterem Himmel. Ich will diese Frau spüren.

Kurz vor Commerau fahre ich immer langsamer und lenke schließlich meinen Van auf einen Waldweg.

Mein Herz rast, als ich den Motor ausstelle und mich ihr langsam zuwende. Kathleen legt mir einen Arm um die Schulter und zieht mich fest an sich. Plötzlich sind meine Nerven zum Zerreißen gespannt. Der Duft ihrer Haare, die drahtigen Arme, die mich fest umschlungen halten, ihre Brüste, die sich gegen meine eigenen drücken. Ein Schaudern durchläuft meinen Körper. Ich spüre Kathleens Hand auf meinem Oberschenkel, und diese Berührung lässt mich richtig erzittern.

»Ist das schön?«, flüstert Kathleen.

Ich habe Mühe, ein »Ja« hervorzupressen.

Ihre Finger fahren durch meine Haare und beginnen ganz sanft meine Kopfhaut zu streicheln. Es ist ein so wohliges Gefühl, dass ich tief aufseufze und selbst darüber erschrecke.

Bevor ich einen klaren Gedanken fassen kann, zieht Kathleen mir den Kopf an den Haaren behutsam nach hinten und drückt ihre Lippen auf meine. Ihr Kuss ist zart und vorsichtig. Weil ich meinen Mund geschlossen halte, lässt sie ihre Zunge auf meinen Lippen tanzen.

Ich weiß nicht mehr, was ich empfinden soll. Es ist alles nur schön, sehr schön, und dann spüre ich ihren heißen Atem in meinem Gesicht, und leise fragt sie: »Willst du das? Oder willst du das nicht?«

Die Frage ist direkt und klar – typisch Kathleen. Und ich schalte meinen Kopf aus, schiebe meine Zweifel einfach weg und murmele unter ihren Küssen lustvoll: »Ja!«

Als wir nach Hause fahren, geht gerade die Sonne auf und taucht die spiegelglatte Oberfläche unseres Sees in fast unwirklich schimmerndes rubinrotes Licht. Es ist ein wunderbarer Sommermorgen. Das Thermometer zeigt schon um diese Zeit milde neunzehn Grad. Ich fühle mich leicht und beschwingt, und mein Gefühl sagt mir, dass ich auf einem neuen Weg bin. Ich will diese Stimmung nie mehr vergessen.

~

Ich bringe Kathleen nach Hause und fahre dann sofort in die Ferienoase. Es ist sechs Uhr in der Frühe. Wir haben eine Bestellung über sechzig Brote, und die Gäste warten ab sieben Uhr auf ihr Frühstück. Natürlich bin ich müde, aber das bin ich seit Jahren. Ich arbeite jeden Tag sechzehn Stunden und schlafe selten mehr als fünf Stunden. Wer so lebt, ist chronisch müde. Ich habe mich daran gewöhnt, gegen meinen Körper zu kämpfen.

Und während ich Brotrohlinge forme, Brötchen aufschneide und Servierplatten mit Käse- und Wurstscheiben belege, denke ich an Kathleen. An ihre Küsse und ihre zarten Finger, die einmal vorsichtig unter meine Bluse gerutscht sind und meine Brust berührt haben. Es war ein so schönes Gefühl, dass ich die Zeit hätte anhalten mögen, damit es nie aufhört.

Ich habe einige Männer in meinem Leben geküsst, aber Kathleens Küsse waren anders. So zärtlich, so warm. Ich glaube, ich bin das erste Mal in meinem Leben wirklich verliebt. Verglichen damit habe ich für die Männer in meinem Leben höchstens Begeisterung empfunden, nicht mehr.

Kathleen ist eine wunderbare Frau, und sie an meiner Seite zu haben würde mich zum glücklichsten Menschen auf der Welt machen – wenn da nur nicht dieses Chaos in meinem Kopf wäre. Wie eine große schwarze Decke legt es sich über mein wohliges Gefühl und macht es klein.

Karina, du hast eine Frau geküsst, hämmert es in meinem Kopf. Mein ganzes Inneres ist angespannt. Ich weiß nicht mehr, wie ich wirklich bin, wie ich wirklich fühle. Ich stehe neben mir, beobachte mich und kann mich nicht verstehen.

Die letzten Wochen habe ich mich oft gefragt, was mit mir los ist, aber jetzt frage ich anders: Wer bin ich? Wie ticke ich? Warum war es nicht schon viel früher so? Und, ganz wichtig: Wie geht das alles weiter mit mir, mit Franz, mit dem Geschäft?

Ich habe Kinder, Schulden und jetzt auch Kathleen.

Ich stehe an dem großen Kaffeeautomaten, sehe gedankenverloren zu, wie das heiße Getränk laut sprudelnd in die Kannen läuft. Meinen ganzen Körper umgibt eine wohlige Wärme, wenn ich an Kathleen denke. Ein Gefühl, das mich wie in einem Kokon fernhält von der Außenwelt, in der ich meinen Platz nicht mehr kenne.

Ich stehe lange an die Küchenfliesen gelehnt da und versuche, mich nur auf den brodelnden Kaffee zu konzentrieren. Ich genieße das schöne Gefühl, verliebt zu sein, und möchte die Gedanken an die Zukunft wegschieben, nur hier stehen. Bis ich irgendwann aufschrecke und das laute

»Guten Morgen« eines hereinkommenden Gastes meine Angst vor der Zukunft verdrängt.

KAPITEL 9

»Ich muss heute den Stall machen. Hilfst du mir?«, frage ich Kathleen.

Sie zwinkert mir zu. »Klar, ich bin dabei!« Und dann tut sie so, als würde sie mir im Vorübergehen ein Bein stellen. Wir albern wie Kinder herum, als wir am Morgen in der Ferienoase ins Auto steigen und nach Jetscheba fahren.

Es ist der 19. September 2005, gerade mal acht Uhr. In der Ferienoase ist es ruhiger geworden, und wir haben Zeit, den Tag etwas entspannter angehen zu lassen. Trotzdem stehe ich auch jetzt ständig unter Strom, bin aufgekratzt und hektisch.

Den Grund kenne nur ich. Vor zehn Tagen sind Kathleen und ich uns im Auto nähergekommen. Seitdem finde ich keine Ruhe mehr. Sobald sie in meiner Nähe ist, bin ich nervös und überdreht. Ihr geht es nicht anders.

Wir suchen ständig die Nähe der anderen und damit auch die Gelegenheit, Zärtlichkeiten auszutauschen. Kurz Händchen halten, einmal übers Haar streichen, Wange an Wange am See stehen und aufs Wasser schauen. Es sind nur Minuten, die uns beiden gehören, aber wir genießen diese Augenblicke.

Selbst wenn die Kneipe der Ferienoase gut besucht ist, finden wir Gelegenheit, uns zu zeigen, wie wichtig wir füreinander sind. Wenn ich hinter dem Tresen stehe und Bier zapfe, spüre ich plötzlich Kathleens Hand an meiner. Unsere kleinen Finger verhaken sich für einen Moment ineinander. Dann springen wir aber schon wieder auseinander, damit kein Gast, keine Mitarbeiterin etwas mitbekommt.

Normalerweise macht Laura vor der Schule den Stall sauber, aber sie fühlt sich heute nicht gut, deshalb springen wir ein. Auf die Stallarbeit freuen wir uns jetzt richtig, denn dadurch bietet sich endlich die Gelegenheit, einmal längere Zeit ungestört zu sein.

Mitten im Ortskern von Jetscheba stehen in einer riesengroßen Scheune unsere mittlerweile zwölf Ponys und Haflinger.

Kathleen hat Laura schon oft geholfen, und auch ich war schon mehrmals mit Kathleen im Stall. Aber das war früher, als sie so etwas wie eine Freundin war. Heute ist es anders. Heute sprühen zwischen uns die Funken. Wir sind ineinander verliebt und gleich zum ersten Mal allein und ungestört.

Wir wissen beide, was das bedeutet.

Das Auto parken wir hinter einer großen Kastanie, dann huschen wir durch einen Seiteneingang in die Scheune.

»Ich schließe das Tor besser ab«, sagt Kathleen und legt von innen den großen Balken vor. »Jetzt kann uns niemand stören.«

Ich sehe sie an, und mein Herz beginnt wie verrückt zu pochen.

Kathleen kommt ganz langsam auf mich zu. Knallenge Jeans, langärmeliges Shirt, ein bunter Schal. Sie sieht total sexy aus. Und sie sieht nicht nur so aus. Sie ist es auch.

Ihre Arme schlingen sich sofort um meinen Nacken. Dann zieht sie mich an sich und küsst mich. Diesmal finden sich unsere Zungen sofort und schlängeln sich leidenschaftlich umeinander. Kathleen fingert die Knöpfe meiner Bluse auf und schiebt ihre Hand unter meinen BH, streichelt meinen Oberkörper und meine Brüste. Sie selbst trägt keinen BH, und ich spüre, dass sich ihre Nippel durch den Stoff ihres T-Shirts drücken.

»Du musst mir zeigen, wie das geht«, keuche ich erregt und winde mich unter ihren immer drängender werdenden Küssen. Noch nie habe ich so intensive Lust auf einen anderen Menschen empfunden. Das Gefühl, ihre Zunge tief in meinem Mund zu spüren, während sich ihr ganzer Körper gegen mich drängt, lässt mich förmlich von innen verbrennen.

»Gerne, Liebling, ich zeige dir alles. Du wirst sehen, es wird dir gefallen«, schnurrt Kathleen.

Und dann schiebt sie mich in eine leere Box und drückt mich ganz sanft aufs Heu. Neben uns schnaubt Ali, unser Haflinger-Wallach, und tritt mit den Hufen gegen die Wand.

»Der kriegt auch Lust«, kichert Kathleen, kurz bevor sie mir den BH hochschiebt.

Ich werde nie den Moment vergessen, als sich ihre Hände zum ersten Mal um meine Brüste schließen und sie beginnt, meine Nippel zwischen Daumen und Zeigefinger zu massieren.

Ich keuche vor Lust und ziehe ihr fast schon brutal das T-Shirt über den Kopf. Ich will sie jetzt ganz für mich, will sie anschauen, sie berühren, sie schmecken.

»Du siehst nackt bestimmt phantastisch aus«, murmelt Kathleen und macht den Knopf meiner Cordhose auf. Gleichzeitig zerrt sie den Reißverschluss ihrer Jeans hinunter, und dann reißen wir uns förmlich die Kleidung vom Körper, bis wir uns nur noch mit einem Slip bekleidet gegenüberliegen.

Einen Moment lang halten wir beide inne und betrachten einander.

»Du bist so unglaublich schön«, sage ich zu Kathleen und strecke zaghaft meine Hand nach ihr aus. Kathleen hat eine leicht bronzefarbene Haut, und es ist ein unbeschreiblich schönes Gefühl, ihre weiche, warme Brust zu streicheln.

»Ich möchte dir ganz gehören, nur dir«, flüstere ich und kann die Spannung kaum mehr ertragen.

Kathleen beugt sich jetzt über mich und verwöhnt meine Brüste mit ihrer Zunge. Erst lässt sie ihre Zungenspitze nur sanft die Nippel umrunden, dann werden ihre Zärtlichkeiten immer wilder und schneller. Sie saugt an beiden Nippeln, nimmt schließlich eine meiner Brüste zwischen ihre Hände und saugt sie so weit wie möglich in ihren Mund.

Ich will sie jetzt auch spüren und lecke immer wieder über ihre Brustwarzen, bis Kathleen vor Lust laut aufstöhnt.

Unsere Brüste glänzen feucht im dürftigen Dämmerlicht. Es ist eine unwirkliche Stimmung. Der halbdunkle Stall, und wir beide liegen nur mit einem Slip bekleidet im Stroh und schlecken uns gegenseitig die Brüste ab.

Wie auf ein unhörbares Kommando hin beginnen unsere Hände nun fast gleichzeitig, die Schenkel der anderen zu streicheln und sich langsam von den Knien bis zum Slip vorzuarbeiten. Ich bin jetzt wie von Sinnen. Ich weiß nicht, was mich mehr erregt: das Gefühl, ihre zarte Haut unter meinen Fingern zu berühren, oder die Spannung, ihrer Muschi näher zu kommen. Ich habe noch nie eine Frau dort berührt und hätte es mir bis vor kurzem nicht einmal vorstellen können. Jetzt raubt mir die Aussicht fast den Verstand. Meine Ängste und Hemmungen sind wie weggeblasen. Die Lust schiebt alles beiseite. Ich lasse meine Hand über ihre feuchte Spalte gleiten, massiere ihren Kitzler und stecke meine Finger abwechselnd in ihre Scheide. Es geht wie von selbst. Ich brauche keine Anleitung.

Während mich Kathleen auf die gleiche Art verwöhnt, durchzucken mich Lustschauer, wie ich sie noch nie erlebt habe.

~

»Sind die Getränke schon da?«, frage ich meine Mitarbeiterin, als ich zurück in die Ferienoase komme. Es ist kurz vor zwölf, und am Nachmittag erwarten wir eine Geburtstagsgesellschaft. Die Torten sind bereits geliefert, zwei Aushilfen bestellt.

Ich habe keine Mühe, mich auf die Arbeit zu konzentrieren. Ich fühle mich großartig. Wie auf Wolken bin ich den Weg vom Stall zum Auto gegangen. Nicht die Lust hat mich so beschwingt und zufrieden gemacht. Nein, es ist die Sicherheit.

Als ich mich hinter das Steuer setze und den Wagen starte, weiß ich genau, dass jetzt ein neues Leben für mich beginnt. Ich weiß jetzt, dass ich lesbisch bin. Um das zu begreifen, musste ich siebenunddreißig Jahre alt werden.

Kathleen sitzt neben mir und spricht kein Wort. Sie ahnt wohl, was in mir vorgeht, und lässt mir den Freiraum, den ich jetzt brauche.

Während mal wieder die Alleebäume an uns vorbeirauschen, läuft mein Leben im Zeitraffer in meinem Kopf ab.

Ich sehe das Gesicht von Frau Detlefsen, einer jungen Lehrerin, vor mir. Sie kam als Praktikantin in Wettin an unsere Schule und war damals vielleicht zehn Jahre älter als ich. Jetzt wird mir auf einmal klar, dass ich heftig in sie verliebt gewesen sein muss. Jedenfalls habe ich Tag und Nacht an sie gedacht und ihr zum Abschied ein riesengroßes Bild von Wettin gemalt, das nur mit Mühe in ihren Trabi passte. Nachher war ich todunglücklich, weil ich vergessen hatte, sie nach ihrer neuen Anschrift zu fragen.

Später gab es Uschi, eine blonde Studentin. Zart, jungenhaft, eigentlich so ein Typ wie Kathleen. Ich konnte stundenlang mit ihr quatschen, und wenn sie am Wochenende zu ihren Eltern nach Hause fuhr, habe ich mich abends in den Schlaf geheult, weil ich partout nicht ohne sie sein wollte. Ich fand sie immer bildhübsch. Die langen Beine, die schmalen Hüften und die Art, wie sie mit den Händen gestikulierte, an alldem konnte ich mich nicht sattsehen. Wir haben zusammen gefeiert, gelacht, herumgealbert, aber den letzten Schritt von der Freundin zur Partnerin, den bin ich nicht gegangen. Warum nicht? Weil ich kein sexuelles Verlangen gespürt habe. Jetzt frage ich mich, ob ich es nur nicht spüren wollte, nicht für mich zugelassen habe. Natürlich wusste ich, dass es Lesben gibt, aber ich hätte nie gedacht, dass ich selbst eine sein könnte.

Fünfzehn Jahre später gab es in der Ferienoase eine holländische Urlauberin, die mich mit Komplimenten überschüttete, trotzdem bin ich nicht auf die Idee gekommen, dass ich ihr als Frau gefallen könnte.

»Was erzählt die immer von deinen seidigen Haaren?«, hat mich Franz damals gefragt, und ich habe ihm nicht einmal eine Antwort gegeben, so abwegig erschien mir der Gedanke.

»Das ist eine Lesbe. Die steht auf dich«, hat mir sogar unsere Kellnerin zugeflüstert.

Aber ich habe nur gelacht. »Du hast eine blühende Phantasie!«

Die Frage, ob ich lesbisch sein könnte, ist mir in all den Jahren nicht in den Sinn gekommen. Dass ich nie richtig glücklich war und nie richtig geliebt habe, das wollte ich offenbar nicht wahrhaben. Erst jetzt, mit Kathleen, fühle ich, was Liebe ist.

Kathleen versteht meine Seele und meinen Körper. Sie ist der Mensch, der zu mir gehört. Die Männer, mit denen ich Sex hatte, haben immer eine seltsame Leere in mir hinterlassen, die ich mir nicht erklären konnte und die ich immer schnell beiseitegeschoben habe. Körperlich war es schön für mich, keine Frage. Aber die Begegnungen waren nicht wirklich erfüllend, nicht wirklich rundherum glücklich machend. Es fehlte dieser innere Gleichklang, dieses stumme Verstehen, die gelebte tiefe Zweisamkeit. Aber kann man etwas vermissen, von dem man gar nicht weiß, dass es das gibt?

Der Sex mit Franz, dem Mann, mit dem ich drei Kinder habe, war wild, fordernd, ungestüm, auch lustvoll. Aber meine Seele hat er nie berührt.

Jetzt, mit Kathleen, weiß ich, wie grenzenlos und umfassend Sexualität sein kann. Man kann mit Körperlichkeit die Seele berühren, mit Lust Grenzen überwinden und mit dem Menschen, den man liebt, eine Einheit werden. Jetzt weiß ich, wie Liebe, körperliche und seelische, gelebt werden kann. Ich kann nun nicht mehr einfach weiterlaufen, ohne nachzudenken. Das Schicksal hat mir diese Frau geschickt, und das soll mir sagen: Karina, halt an, sieh hin! Das ist das Fundament, das dir zum Glück fehlt.

Als wir vor der Ferienoase aussteigen, zwinkert mir Kathleen schnell zu. Dann gehen wir an unsere Arbeit. Niemand ahnt, was im Stall geschehen ist. Und so soll es auch bleiben. Zumindest vorläufig.

~

»Sag mal, was läuft hier eigentlich?«, will Franz wissen.

Es ist gerade mal acht Uhr in der Frühe. Wir hatten

gestern Abend eine große Veranstaltung in der »Heideschenke«, und ich habe mir eben den ersten Kaffee eingeschenkt.

Ich stehe am Tresen, Franz sitzt daneben am ovalen Stammtisch und brütet über der Abrechnung.

»Ich hab dich was gefragt«, meint er jetzt, und seine Stimme klingt scharf.

»Was? Ich verstehe dich nicht, Franz. Ich bin doch noch gar nicht richtig wach. Also, was willst du wissen?«

Franz steht jetzt auf und kommt auf mich zu. Er packt mich an den Oberarmen und sieht mir fest in die Augen. »Was ich wissen will?«, zischt er. »Ich will wissen, was da mit Kathleen los ist.«

»Kathleen?«, frage ich gespielt unwissend. »Was soll denn los sein mit ihr?«

Franz drückt mich gegen den Barschrank. Nicht fest, nein, eher spielerisch. Er lacht sogar und knufft mir neckisch in die Hüfte. »Ich weiß nicht, was mit euch Weibern los ist, aber ihr seht euch zu oft zu tief in die Augen. Nicht, dass du noch ins andere Lager wechselst und mit einer Frau durchbrennst. Das fehlte mir gerade noch zum Glück.«

Seine Albernheit macht mich richtig ein bisschen wütend. Diese doofen Machosprüche, ich kann sie nicht mehr hören.

»Kathleen hat sich in mich verliebt«, sage ich fast schon trotzig und genieße es, Franz' verdutztes Gesicht zu sehen.

Aber er fängt sich schnell und setzt sogar noch eins drauf. »Und hat sie mit dir geschlafen?«

Als ich laut und deutlich »Ja« sage, sieht er mich völlig verblüfft an. Damit hat er nicht gerechnet.

Ich kann nicht einschätzen, wie er darauf reagieren wird. Sekundenlang stehen wir uns schweigend gegenüber.

Dann fängt Franz sich wieder und grinst mich höhnisch an. »Na prima, dann weißt du ja jetzt, was du an mir hast!«

Kein Vorwurf. Keine Eifersuchtsszene. Nichts.

Ich bin baff. Was ist los? Warum nimmt Franz es scheinbar so gelassen hin, dass ich vor seinen Augen eine Geliebte habe?

Die Antwort bekomme ich erst Wochen später. Ich wäre nie darauf gekommen, dass Männer so denken können.

~

»Ich hab die Reise abgesagt. Lena ist stocksauer. Sie ahnt, dass es jemanden gibt, und hat mich fürchterlich beschimpft.«

Kathleen sitzt in der Kneipe und zittert am ganzen Leib. Es ist kurz vor Mitternacht, die letzten Gäste sind längst weg. Ich habe gerade die Tür zugesperrt und höre Kathleen zu.

»Es war furchtbar«, murmelt sie. »Sie ist total ausgerastet und hat von mir verlangt, dass ich verschwinde. Ich habe eine Woche Zeit. Wenn sie aus dem Urlaub zurückkommt, soll ich weg sein.«

Ich stelle ihr einen Tee hin, streiche ihr über den Rücken. »Ahnt sie, dass ich es bin?«

Kathleen nickt. »Ich glaube schon, sie hat so eine Andeutung gemacht. Aber ich habe nichts von dir erzählt. Ich will nicht, dass sie dir schadet. Hinterher redet sie schlecht über uns und vergrault dir die Gäste.«

Kathleen sieht müde aus, bestimmt haben die beiden die ganze Nacht gestritten. Meine Güte, das tut mir so leid! Ich kann auch Lena verstehen, natürlich ist sie eifersüchtig und fühlt sich hintergangen. Ich mag sie und habe mich immer super mit ihr verstanden. Und ich habe nicht vergessen, wie oft sie mich getröstet hat, wenn Franz mal wieder ausgerastet ist.

»Lass mich mal mit Lena reden, wenn sie wieder da ist. Ich werde ihr alles erklären und versuchen, die Wogen zu glätten, das verspreche ich dir.«

Ich gebe Kathleen einen langen Kuss. Ihre Lippen zittern.

Vorsichtig nehme ich ihr Gesicht in meine Hände und sehe ihr in die Augen. Sie schimmern ganz feucht. Die letzten Tage waren für uns alle etwas viel. Wir müssen zur Ruhe kommen, möglichst schnell.

»Du ziehst in die Ferienwohnung über dem Bistro, die im Moment leer steht. Ich bringe dich gleich rüber, und wenn Lena an der See ist, holen wir deine Sachen.«

Kathleen schließt die Augen und seufzt erschöpft.

»Mein Liebling, mach dir jetzt keine Sorgen«, versuche ich sie zu trösten. »Wir schaffen das schon. Vertrau mir!«

Kathleen nickt. Und dann zieht sie mit einem sanften Ruck meinen Kopf zu sich herunter, und wir küssen uns lange.

Als sich unsere Lippen schließlich voneinander lösen, schmiege ich mich in Kathleens Arme und halte sie ganz fest.

»Franz weiß auch, was los ist«, sage ich leise. »Er hat mich gefragt, ob wir zusammen geschlafen haben. Ich habe ja gesagt.«

~

Ich führe ein Doppelleben.

Tagsüber läuft alles wie bisher: Als Erstes kümmere ich mich morgens um die Kinder, später pendele ich zwischen der Gaststube, dem Imbiss und der Ferienoase hin und her. Abends, wenn die Kinder im Bett sind und der letzte Handgriff geschafft ist, schleiche ich mich heimlich aus dem Haus. Dann düse ich im Licht der Straßenlaterne zur ehemaligen Scheune hinüber und verschwinde in unserer Ferienwohnung, in der Kathleen zurzeit wohnt.

Morgens um fünf, kurz bevor die Kinder aufwachen, husche ich wieder zurück in unsere Wohnung und empfange meine drei verschlafenen Prinzessinnen pünktlich nach dem Aufstehen mit heißem Tee und duftenden Aufbackbrötchen.

Die Mädchen haben keine Ahnung, dass ich die Nächte nicht mehr bei ihrem Vater, sondern bei Kathleen verbringe. Sie mögen sie und wissen, dass wir enge Freundinnen sind, aber alles andere wissen sie nicht. Ich habe noch nicht den richtigen Moment gefunden, es ihnen zu erklären.

Franz ist brummig, ihm passt mein neues Leben verständlicherweise überhaupt nicht. Aber wenn das Geschäftliche gut läuft, der Haushalt und unsere Mädels versorgt sind, hält er still. Ich glaube, er will das einfach aussitzen. Er kann sich nicht vorstellen, seine Frau an eine andere

Frau zu verlieren. Also tröstet er sich damit, dass ich über kurz oder lang schon zur Vernunft kommen und erkennen werde, was ich zu Hause habe.

Unsere Mitarbeiter und Gäste haben längst mitbekommen, dass bei Familie Follmann etwas nicht stimmt. Wenn Franz und ich zusammenarbeiten, ist die Stimmung neuerdings immer etwas gereizt. Wir streiten uns zwar nicht vor den Angestellten und schon gar nicht vor den Gästen, zumindest nicht, solange Franz noch nüchtern ist. Nach seinem letzten Ausraster wegen der Pferdeäpfel hat er sich zusammengerissen. Aber wir sprechen auch nur noch das Nötigste miteinander, das fällt natürlich auf. Und die Leute im Dorf reden sowieso. Nur Genaues weiß niemand.

Bis in der Ferienoase die Bombe platzt. Genauer gesagt, bis ich selbst den Zünder ziehe.

An einem Samstag sitzen der Sparkassenchef, ein Leiter der ehemaligen LPG und ein guter Freund von mir, den ich Schmidtl nenne, am Stammtisch unserer Kneipe und trinken eifrig Bier. Der Alkohol macht sie mutig. Als ich gerade drei Currywürste serviere, tönt Schmidtl lautstark: »Wie kommst du eigentlich damit klar, dass der Franz jetzt noch eine Frau hat?«

Er sagt das nicht böse, eher besorgt, vielleicht sogar mitleidig. Ich nehme es ihm auch nicht übel. Die anderen beiden Herren am Tisch sind allerdings ziemlich baff wegen seiner Offenheit.

Ich überlege eine Sekunde, ob es klug ist, jetzt die Wahrheit hinauszuposaunen. Aber dann denke ich, dass es gut wäre, endlich reinen Tisch zu machen. Das bin ich Kathleen und nicht zuletzt mir selbst schuldig.

Für mich habe ich akzeptiert, dass ich lesbisch fühle, auch wenn es immer noch Momente gibt, in denen mir das alles ganz unwirklich erscheint. Jetzt ist es an der Zeit, auch nach außen hin dazu zu stehen, sonst kann ich nicht glücklich werden in meinem neuen Leben.

Und so kommt es, dass ich sage: »Nein, nein, Schmidtl, da hast du etwas missverstanden. Kathleen ist nicht Franz' Frau. Sie ist meine Frau!«

Sätze wie Peitschenhiebe. Die drei Herren verstummen.

»Möchtet ihr noch drei Bier?«, frage ich betont locker und könnte mich innerlich kringeln vor Genugtuung.

»Ja«, murmelt Schmidtl mit gesenktem Kopf, und keiner wagt mehr, mir ins Gesicht zu sehen.

In der Küche erzähle ich Kathleen von dem Vorfall, und wie die Teenager kichern wir über die Peinlichkeit, die ich mit meinem Satz am Stammtisch ausgelöst habe.

Jetzt ist es raus, jetzt wird es bald jeder wissen. Ich bin erleichtert. Allerdings spricht mich danach im Dorf nie jemand auf das Thema an. Getuschelt wird aber wahrscheinlich. Und wenn Franz mit ein paar Männern abends in der Kneipe sitzt, höre ich des Öfteren dumme Kommentare, wie »Komm du mal zu mir, dann vergisst du jede Frau« oder »Hat Franz dir nicht gezeigt, was gut ist?«. Niveaulose Sprüche, die an mir abperlen wie Regentropfen. Ich reagiere gar nicht darauf. Ich will mich mit diesem Blödsinn nicht auseinandersetzen.

~

»Ich habe meiner Schwester von deiner Affäre erzählt. Weißt du, was sie gesagt hat? Zwei Frauen sind besser als eine. Da ist bei mir der Groschen gefallen. Sie hat recht. Eigentlich bin ich froh, dass du Kathleen zu uns gebracht hast.«

Franz steht hinter dem Tresen und redet auf mich ein. Ich sitze an der Kasse und will die Abrechnung machen, aber er schüttet ein Glas nach dem anderen in sich hinein und erzählt immer dümmeres Zeug. So hat er sich angeblich überlegt, dass jeder Mann zwei Frauen braucht, weil eine allein ihn gar nicht befriedigen kann.

Ich schüttele genervt den Kopf und halte nicht eine Sekunde für möglich, dass er ernst meint, was er da im Rausch faselt.

Ich soll mich bitter täuschen.

Als ich später am Abend schnell zu Kathleen hinübersausen will, stellt er sich mir in unserer Wohnung plötzlich in den Weg.

»Ich komme mit«, meint er, und seine Stimme klingt jetzt ganz ernst. »Ich will auch endlich mal wieder Sex. Entweder du bringst Kathleen mit, oder ich komme zu euch. Überleg es dir. Nicht nur du sollst deinen Spaß mit der Kleinen haben. Ich will auch.«

Ich kann kaum glauben, was Franz da redet. Soll das ein Witz sein? Falls ja, ist es ein ganz schlechter. Aber ich will keinen Krach. Franz ist betrunken, wie jeden Abend. Es bringt nichts, jetzt noch lange mit ihm herumzudiskutieren. Ich muss ihm den Wind aus den Segeln nehmen und versuche deshalb, ganz ruhig mit ihm zu sprechen.

»Komm, Franz, setz dich mal hin.« Ich ziehe ihn aufs Sofa und schenke ihm ein Glas Wasser ein. »Hör zu, das hat doch keinen Sinn. Lass uns aus der neuen Situation einfach das Beste machen. Ich habe das mit Kathleen auch nicht kommen sehen. Aber wenn wir uns bekriegen, haben wir beide nichts davon.«

Franz sieht mich an, er lächelt sogar. »Ich will doch auch keinen Krieg. Ich will nur, dass wir alle miteinander Spaß haben. Lass uns zusammen hier wohnen und das Leben genießen. Nur darum geht es doch.«

So richtig verstehe ich nicht, worauf Franz eigentlich hinauswill. Doch die ganze Absurdität seiner Gedanken geht mir auf, als er mir ausführlicher von dem Gespräch mit einer alten Freundin berichtet. Demnach hat er sich am Telefon bei ihr ausgeweint und ihr erzählt, dass ich jetzt eine Freundin habe, mit der ich »herummache«, und dass ich überhaupt keine Zeit mehr für ihn habe.

Die Freundin hat gemeint, dass er darüber nicht traurig oder gar erbost sein müsse. Er solle sich keine Sorgen machen, dass er mich verlieren könne, sondern sich freuen, dass er Kathleen hinzugewinne. Er wisse ja gar nicht, wie toll der Sex mit zwei Frauen sei. Ihr zentraler Ausspruch sei gewesen: »Lass nicht nur Karina genießen, sondern koste doch auch von den frischen Früchten.«

Ich spüre, wie die Wut in mir hochkocht. »Das ist typisch für die«, zische ich. »Die lässt doch in puncto Sex nichts aus. Aber dass sie dich mit solchem Blödsinn noch aufhetzt, finde ich mehr als traurig.«

Franz versteht meine Wut nicht. Im Gegenteil. Er reagiert total beleidigt, weil ich auf seinen Vorschlag, Kathleen »rüberzupfeifen« und in unser Ehebett zu schicken, nur mit fassungslosem Blick reagieren kann.

Als er nicht aufhört, davon zu reden, und sich immer mehr in Fahrt quasselt, habe ich irgendwann genug und gehe rüber zu Kathleen. Franz soll mich bloß in Ruhe lassen!

~

»Macht die Tür auf, ihr Flintenweiber!«

Kathleen und ich sitzen nebeneinander auf dem Bett und hören Franz im Treppenhaus brüllen. Er ist tatsächlich hinter mir hergelaufen und steht jetzt vor der Ferienwohnung.

Kathleen und ich haben uns die Arme um die Schultern gelegt und können kaum glauben, was da gerade passiert.

Franz muss in der Stunde, seitdem ich gegangen bin, noch heftig nachgetankt haben. Anders ist es nicht zu erklären, dass er sich so aufführt.

Es sind zwei Wohnungen im Haus, doch zum Glück ist jetzt, Anfang November, nur die von Kathleen bewohnt. So ein Auftritt vor Gästen, und wir könnten schließen.

Franz versucht, die Tür einzutreten. Erst hat er geklingelt, und als wir nicht geöffnet haben, hat er meinen Namen gerufen. Aber ich habe nicht geantwortet. Was bringt es denn? Ich weiß ja, dass ich ihn bei diesem Alkoholpegel nicht mehr erreiche. Er redet sich in solchen Augenblicken schnell in Fahrt und hört mir sowieso nicht zu. Die Stille hat ihn allerdings noch wütender gemacht.

Während er gegen die Tür tritt und hämmert, brüllt er lauthals seinen ganzen Frust heraus, beschimpft uns als »Nutten«, die es von ihm jetzt mal richtig »gezeigt« bekommen würden, und dass wir froh sein sollten, dass er uns mal »richtig rannimmt«.

Ich schäme mich. Sein Gebrüll hört man garantiert bis auf die Straße. Es ist gerade mal Mitternacht, da sind bestimmt noch Leute unterwegs. Wenn jetzt jemand vorbeigeht, ist Franz' Ausraster morgen Dorfgespräch. Was für eine Schmierenkomödie! In der Hauptrolle der gehörnte Ehemann, der ausgerechnet mit der Geliebten seiner Frau ein Abenteuer will. Billiger geht's nicht mehr.

Ich muss etwas tun. Mit wackeligen Knien stelle ich mich von innen an die Wohnungstür und flüstere Franz zu, dass er endlich aufhören soll.

»Franz, nun geh bitte rüber. Wir dürfen uns nicht lächerlich machen im Dorf«, versuche ich ihn doch noch irgendwie zu beruhigen.

Ich habe Angst, denn ich weiß, er ist unberechenbar. Auch Kathleen fürchtet sich. Sie zittert am ganzen Körper, und als Franz als Antwort auf meine geflüsterte Aufforderung besonders heftig gegen die Tür tritt, beginnt sie zu weinen.

Ich weiß nicht mehr weiter. Die ganze Situation ist außer Kontrolle geraten und nur noch furchtbar.

Kathleen und ich flüchten in die kleine Küche, und ich lege mir ein Messer griffbereit. Wenn Franz es schafft, die Tür aufzubrechen, rufe ich sofort die Polizei. Kathleen weint in meinem Arm. Ich bin verzweifelt. Draußen führt sich mein Ehemann auf wie ein Irrer, und das alles, weil er meine Freundin auch für sich möchte. Es ist alles so schrecklich.

Ich weiß nicht, wie lange Franz noch im Treppenhaus randaliert. Es dauert eine gefühlte Ewigkeit. Irgendwann in der Nacht sehen wir ihn über die Straße nach Hause schlurfen.

»Meinst du, er wird sich morgen entschuldigen?«, fragt Kathleen.

»Nein, niemals«, antworte ich. »Er glaubt sich im Recht – immer!«

~

»Ich haue ab«, flüstere ich ins Telefon. »So kann es nicht weitergehen.«

Ich habe meine treue Freundin Anne angerufen, um ihr mein Herz auszuschütten. Franz benimmt sich seit drei Wochen wie ein Verrückter. Er will Kathleen und scheut sich nicht, das immer wieder offen auszusprechen.

Tagsüber bei der Arbeit hält er sich verbal zurück, aber seine gierigen Blicke sind einfach unappetitlich. Kathleen vermeidet es, auch nur eine Sekunde mit ihm irgendwo allein zu sein.

»Ich habe Angst, er kommt mir vor wie ein wildes Tier«, hat sie mir erst gestern gesagt.

Ich liebe sie und kann es nicht ertragen, dass er sie so schamlos verfolgt. Mehrmals habe ich schon versucht, mit ihm zu sprechen, aber es hat nicht geklappt. Seitdem ihm die Freundin den Floh mit dem wilden Sexleben ins Ohr gesetzt hat, komme ich nicht mehr an ihn ran.

»Mir wird das alles zu viel. Ich bin seelisch und körperlich total erschöpft«, beichte ich Anne.

In vier Wochen ist Weihnachten, und dann sind wir sowohl in der Ferienoase als auch im Gasthaus komplett ausgebucht. Das bedeutet ungeheuren Stress für Kathleen und mich. Dazu einen sexgierigen Ehemann, der uns auf Schritt und Tritt verfolgt, nein, das halte ich nicht durch. Das schaffen wir beide nicht.

»Ich haue ab und fange mit Kathleen irgendwo anders ganz von vorn an«, erzähle ich Anne, und meine Stimme überschlägt sich fast, so aufgedreht bin ich.

»Aber, Karina, du kannst doch nicht einfach alles hinwerfen. Es ist doch deine Existenz. Und außerdem ist bald Weihnachten, wie soll das denn gehen«, versucht mich Anne zu beruhigen. Und dann rät sie mir: »Lasst ihn einfach toben. Nehmt Ohrstöpsel und schlaft. Irgendwann wird er merken, dass er sich lächerlich macht.«

Anne ist meine engste Jugendfreundin, aber was sie jetzt sagt, kann ich nicht verstehen. Sie kennt Franz und weiß, wie unberechenbar er ist, wenn er getrunken hat. Und jeden Abend mit Angst aus dem Haus zu schleichen und nie zu wissen, ob er Kathleen und mich draußen erwischt, nein, das halte ich nicht mehr aus. Die ständige Bedrohung durch Franz zerrt an meinen Nerven. Advent hin oder her, ich will Sicherheit für Kathleen und mich, aber auch für die Kinder. Vielleicht lässt Franz irgendwann seinen Frust an ihnen aus, ich bin doch nachts immer bei Kathleen. Wie soll das alles gehen? Ich kann doch nicht die ganze Familie schützen und dazu noch einen anstrengenden Joballtag meistern. Ich fühle mich müde, erschöpft, bin am Ende meiner Kräfte.

»Nein, so geht das nicht. Ich ziehe mit den Kindern und Kathleen erst einmal zu meinen Eltern. Franz kann den ganzen Mist hier behalten. Ich fange von vorn an und baue mir schon wieder eine Existenz auf. Ich will nur endlich mit Kathleen in Ruhe leben.«

»Wissen deine Eltern, dass es Kathleen gibt?«

Ich schüttele den Kopf. »Nee, ich muss ihnen das noch sagen. Aber sie werden mich so akzeptieren, wie ich bin. Das weiß ich.«

Was meine Eltern betrifft, stimmt Anne mir zu, dennoch beharrt sie auf ihrer Position: »Weglaufen ist nie eine Lösung. Wenn du das tust, wirst du sehen, dass dein altes Leben dich nicht loslassen wird. Es wird dich verfolgen und schließlich einholen. Lass das sein. Das Leben funktioniert nach anderen Gesetzen.«

Anne hat vermutlich recht. Ich kann nicht weg. Unsere Leben sind zu eng miteinander verschlungen. Wir haben alles gemeinsam aufgebaut, wie sollen wir das trennen? Auf dem Papier gehört das Geschäft mir. Wenn ich gehen würde, müsste ich Franz auszahlen, aber das Geld könnte ich gar nicht aufbringen. Umgekehrt sieht es nicht anders aus. Also müssten wir an einen Dritten verkaufen, um unsere Bankschulden abzulösen, und damit hätten wir dann beide keine Existenz mehr.

Gut, ich bin noch jung. Ich könnte mir irgendwo in Deutschland einen Job suchen. Aber soll ich meinen Kindern den Vater nehmen? Soll ich Franz mittellos zurücklassen? Ich kann doch nicht das Leben von uns allen einfach kaputtschlagen.

Ich bleibe, aber ich bin ratlos.

~

»Ist der Himmel heute Nacht nicht herrlich?«

Kathleen und ich liegen eng aneinandergekuschelt in ihrem winterfesten Schlafsack. Wir streicheln uns gegenseitig über die Arme, ich küsse ihre Schläfe. Wir flüstern, aus Angst, dass Franz uns hören könnte. Vielleicht hat er Reifenspuren entdeckt und stöbert uns hier am Rande des kleinen Sees doch noch auf.

Es ist eine recht milde Dezembernacht.

Franz hat Kathleen gestern Abend aufgelauert. Als sie von der Arbeit kam und in die Ferienwohnung gehen wollte, stand er plötzlich auf dem Parkplatz vor ihr.

»Komm, lass uns Frieden schließen«, hat er ganz freundlich gesagt und ihr die Hand zur Versöhnung entgegengestreckt.

Kathleen hat einen Moment gezögert, dann aber beschlossen, ihm zu glauben, und dankbar eingeschlagen.

Er hat ihr erzählt, dass er endlich wieder ein normales Leben führen möchte. Mit mir, den Kindern und – wenn es denn so ist, dass wir uns lieben – eben auch mit ihr.

Kathleen war ganz begeistert, dass er den Streit so entschlossen beilegen wollte, und ließ sich von ihm noch zu einem »Friedensbier« einladen. Als ich nach Hause kam, saßen die beiden friedlich in der Gaststube. Erst habe ich einen Schreck bekommen, aber dann war ich auch erleichtert und habe mich dazugesetzt.

Doch ich hätte es mir denken können, der Friede war trügerisch. Kaum saß ich mit am Tisch, schob Franz seine Hand fordernd über Kathleens Schenkel. Dieser Schuft!

Kathleen sprang angewidert auf. Franz schlug mit der Faust auf den Tisch. Außer sich vor Wut schrie er: »Hab dich nicht so, du Schlampe! Du willst es doch auch.«

Kathleen rannte sofort auf die Straße und hinüber in ihre Wohnung. Als Franz ihr nachlaufen wollte, habe ich mich ihm in den Weg gestellt. Ich bin einen Meter achtundfünfzig groß, Franz knapp eins neunzig. Körperlich hätte ich gegen ihn keine Chance, aber ich musste in diesem Moment meine Geliebte beschützen. Um jeden Preis.

Doch Franz ließ mich einfach stehen und ging in die Küche. Ich hörte Töpfe knallen. Er tobte sich aus, wie so oft. Ich verließ die Gaststube. In meinem Kopf drehte sich alles, und ich fragte mich, wie es bloß weitergehen sollte.

In dieser Nacht bekommt Kathleen kein Auge zu. Sie weint, ich halte sie im Arm. Wir müssen hier weg, zumindest vorübergehend.

Am nächsten Morgen steht unser Plan. Wir packen jede eine kleine Reisetasche und verstauen sie im Kofferraum von Kathleens Auto.

Nach der Arbeit gehe ich erst nach Hause und versorge die Kinder. Kathleen bleibt so lange in der Ferienoase, da sind Kollegen, da ist sie sicher. Als die Kinder im Bett sind, hole ich Kathleen ab, aber ich bringe sie nicht nach Hause, nein, wir fahren an den See und übernachten im Freien. Wenn es zu kalt wird, können wir bei Hilde, einer Freundin, unterschlüpfen. Ein paar Tage wollen wir uns verstecken. Wenn Franz immer wieder vergeblich vor der Tür steht, wird er irgendwann einsehen, dass das alles nichts bringt, und es bleiben lassen. Hoffen wir zumindest.

Unter freiem Himmel schlafen wir wunderbar. Es ist herrlich, unsere Körper ganz eng in der warmen Hülle des Schlafsacks zu spüren. Wir hören einen Uhu und ab und zu von weit weg das Wiehern von Pferden. Ansonsten ist es still, unglaublich still. Wir genießen die Zeit.

Mit der ersten Dämmerung stehen wir auf. Ich muss nach Hause und die Kinder versorgen. Manchmal kann ich es kaum glauben, aber sie haben wirklich keine Ahnung, was sich zwischen ihren Eltern abspielt, besonders in den Nächten. Und das soll vorerst auch so bleiben. Sie bekommen schon mit, dass sich ihre Eltern nicht gut vertragen, da will ich sie nicht noch zusätzlich mit unserer ungewöhnlichen Liebe belasten.

~

»Wo warst du?«, fragt Franz mürrisch, als er mich beim Frühstück in der Küche überrascht.

»Das geht dich nichts an«, antworte ich barsch.

Erst als die Mädchen am Tisch sitzen, wird unser Ton freundlicher.

Wir spielen beide perfekt unsere Rolle, zumindest wenn die Kinder in der Nähe sind.

Doch schon am selben Abend zeigt Franz wieder sein

wahres Gesicht. Ich habe gerade das Abendbrot gemacht, als er mir mit einem Arm den Zutritt zum Wohnzimmer versperrt. »Hör zu, ich lasse eure ganze Sauerei hier auffliegen. Als Erstes rufe ich das Jugendamt an und erzähle denen, was die feine Mutter nachts so treibt mit ihrer kleinen Freundin. Willst du das?« Franz' Augen blitzen jetzt gefährlich. »Wo willst du eigentlich leben? Das Haus knöpfe ich dir ab. Den Kampf stehst du alleine nicht durch. Überleg dir, ob deine Schlampe das alles wert ist.«

Ich sehe Franz fassungslos an. Was ist bloß aus uns geworden?

In dem Moment wird mir endgültig klar, dass ich nicht so weitermachen kann. Wenn wir keine gemeinsame Lösung finden, muss ich hier weg. Dann wird die Familie zerbrechen.

Aber das ist das Letzte, was ich will. Deshalb lege ich an diesem Abend innerlich einen Hebel um. Ich muss mich mit Franz vertragen, anders kann es keine Ruhe geben. Ich muss es schaffen, dass wir zwar kein Ehepaar mehr sind, aber zumindest Freunde bleiben.

»Franz, lass uns reden«, sage ich leise.

»Worüber? Willst du mir erzählen, wie du's mit der Süßen treibst?«

Ich bemühe mich, trotz dieser dummen Bemerkung ruhig zu bleiben. Ich will Franz nicht noch unnötig reizen. Eigentlich tut er mir ja auch leid. Diese ganze Aggression zeigt doch nur, wie hilflos er sich fühlt.

Seine Frau liebt eine Frau, und er kann nichts dagegen tun. Es gibt nicht mal jemanden, gegen den er kämpfen kann. Keinen Nebenbuhler, dem er auflauern und den er windelweich schlagen kann. Seine Konkurrenz ist eine Frau, und als Mann hat er keine Waffen, um sie auszustechen. Deshalb will er Kathleen auch als Sexgespielin. Männer ticken so: Was sie nicht loswerden können, müssen sie sexuell unterwerfen.

Franz hat mich verloren, das muss er schlucken, egal wie. Die Kröte sitzt ihm tief im Hals, aber er hat keine Ahnung, wie er sie herunterwürgen soll. Wenn ich ihn jetzt weiter auflaufen lasse, dreht er durch, das will ich nicht. Uns beide verbindet auch viel, die Firma, drei Kinder. Es gab auch bessere Zeiten.

»Lass uns reden, Franz. Wir müssen uns vertragen«, sage ich noch einmal leise und lege ihm eine Hand auf den Arm. Ob ihn das beruhigt?

Im Gegenteil. Ruckartig schüttelt er meine Hand ab und stürzt hinaus in den Flur. Er reagiert so, weil er weiß, dass ich recht habe.

~

»Was ist los?«, will ich wissen.

Mandy sitzt auf ihrem Bett und sieht traurig aus dem Fenster. Seit Tagen ist sie ungewöhnlich still. Nach der Schule kommt sie nicht mehr als Erstes zu mir in die Gaststube, um mir von ihrem Tag zu erzählen, sondern geht gleich auf ihr Zimmer. Dann dreht sie die Musik voll auf und lässt sich nicht mehr blicken. Ich mache mir Sorgen.

Vielleicht liegt es an mir, dass sie leidet. Die letzten Wochen waren für uns alle schwer. Franz, Kathleen und ich, wir sind erwachsen, wir wissen, was das Leben gerade mit uns macht. Aber die drei Mädels sind noch so jung, sie können sich nicht erklären, in was für einer merkwürdigen Familie sie leben.

Es ist Januar 2006, und seit Weihnachten lebt Kathleen mit mir und den Kindern in einer Wohnung. Anfang Dezember ist Franz noch einmal komplett ausgerastet und hat gedroht, den Mädchen hässliche Sachen über mich zu erzählen. Ich musste handeln und habe es tatsächlich geschafft, dass wir uns alle drei zusammengesetzt und nach einer Lösung gesucht haben. Das Ergebnis war: Franz zog eine Etage tiefer in zwei ehemalige Fremdenzimmer, und Kathleen kam zu mir und den Kindern in die große Wohnung.

Franz wusste genauso gut wie ich, dass wir zusammenbleiben und uns einigen mussten, wenn wir nicht finanziell Schiffbruch erleiden wollten. Er war also gezwungen, seine rasenden Gefühle zurückzustellen und die Vernunft einzuschalten. Kathleen war erst nicht begeistert, aber da ich unbedingt wollte, dass die Kinder mit Mutter und Vater aufwachsen können, fiel uns keine bessere Lösung ein.

Bevor Kathleen zu uns zog, musste ich erst mit den Kindern sprechen. Sie sollten von mir erfahren, dass ihre Mutter jetzt eine Frau liebt. Sie kannten ja Kathleen und mochten sie gern, aber dass sie sie nun mit mir in einem Bett sehen würden, das musste ich ihnen erklären.

»Kathleen ist nett. Ich mag sie«, sagte Laura, die Jüngste, als ich sie beim Abendessen auf den Schoß nahm und fragte, ob sie etwas dagegen hätten, wenn Kathleen bald zu uns ziehen würde.

Auch die vierzehnjährige Sarah fand die Vorstellung, viel Zeit mit Kathleen verbringen zu können, auf Anhieb gut. »Sie kann toll Zäune ziehen. Weißt du noch, Mama, ich habe ihr doch letzten Sommer dabei geholfen!«

Als ich ihnen dann erklärte, dass Männer auch Männer und Frauen auch Frauen lieben können und dass das bei Kathleen und mir so ist, reagierten sie ziemlich aufgewühlt. Laura stellte sofort Fragen. Ob zwei Frauen genauso zusammenleben wie ein Mann und eine Frau und wie sie denn Kinder bekommen können. Auch Sarah interessierte sich für die Sexualität, traute sich aber nur, sehr verhalten danach zu fragen. Beide wollten natürlich auch wissen, ob ihr Papa damit einverstanden ist, dass jetzt Kathleen mit uns lebt. Ich habe ihnen ehrlich erklärt, dass ihr Vater anfangs nicht begeistert war, es aber mittlerweile versteht und wir nicht böse miteinander sind.

Nur Mandy sprach kein Wort. Ganz offensichtlich brauchte sie Zeit, um das alles zu verarbeiten.

Ich habe die Kinder dann abgelenkt mit einem gemütlichen Abend vor dem Fernseher. Kathleen hat Pizza gemacht. Wir haben viel gelacht.

Laura ging von Anfang an ganz offen mit der neuen Familiensituation um. Sie hat am nächsten Schultag als Erstes ihrer Lehrerin alles erzählt, und zwar so laut, dass es ihre Mitschüler ebenfalls hören konnten: »Mama schläft jetzt mit Kathleen. Die lieben sich!«

Bingo! Damit war's jetzt auch in der Schule heraus. Aber das war mir egal. Ich stehe zu Kathleen, felsenfest. Und ich hatte den Kindern ja auch gesagt, dass sie offen darüber sprechen dürfen. Eine Nachbarin hat mich kurz darauf gefragt, ob Kathleen und ich wirklich ein Paar seien. Aber das war auch die einzige direkte Reaktion aus dem Dorf.

Wir leben seitdem einfach weiter als Familie zusammen. Nur dass Franz einen Stock tiefer wohnt und Kathleen bei mir. Für Sarah und Laura ist das kein Problem.

Schwieriger ist es mit Mandy. Sie ist dreizehn Jahre alt, mitten in der Pubertät und ein Papakind. Sie mag die Vorstellung, dass ihre Mutter eine andere Frau liebt, überhaupt nicht. Aber sie spricht nicht darüber, sie lässt es Kathleen und mich nur spüren. Einerseits, indem sie uns die meiste Zeit links liegenlässt, andererseits aber auch, indem sie plötzlich sehr eng mit ihrem Vater ist. Instinktiv hat sie sich auf die Seite des vermeintlich Schwächeren gestellt, ein Verhalten, das für sie spricht. Mandy ist schon immer ausgleichend und gerecht gewesen. Sie mag keine Unstimmigkeiten, sondern braucht Harmonie. Die nicht immer leise geführten Auseinandersetzungen zwischen Franz und mir haben ihr bereits genug zugesetzt. Jetzt Kathleen in der Wohnung zu sehen, ist zusätzlich schlimm für sie. Dem Mädchen fehlt die Intimität der Familie. Ich habe das verstanden und sie anfangs auch in Ruhe gelassen. Mandy sollte sich langsam an die neue Familienkonstellation gewöhnen können und für sich einen Platz darin suchen. Beides hat sie viel Kraft gekostet, deshalb ist sie meist sehr still. Aber was ich in den letzten Tagen erlebt habe, sprengt den Rahmen. Da stimmt etwas nicht, das ist mir sofort klar.

»Was ist denn los mit dir, Mandy?«

Ich wiederhole meine Frage, beiße jedoch auf Granit. Sie will nicht reden, sieht stattdessen weiterhin starr aus dem Fenster. Es sind ihre traurigen, fast schon leeren Augen, die mir Kummer bereiten.

Und dann kullern auch schon die Tränen.

Ich nehme sie fest in den Arm und halte sie, lange, wortlos.

Ich glaube, dass sie in diesem Moment der Vergangenheit nachweint. Sie hat durch meine neue Liebe ihre ursprüngliche Familie verloren. Vater, Mutter, Kinder, das gibt es bei uns nicht mehr. Mandy hat jetzt zwei Mütter und einen Vater, und sie weiß, dass sie die heile Welt nie mehr zurückbekommt. Ich kann ihren Schmerz verstehen. Es ist noch nicht lange her, da habe ich genauso empfunden. Mich von meinem Partner zu trennen, unsere Ehe zu beenden, das war ein Kraftakt. Aber wenn man dazu noch eine neue Orientierung akzeptieren und nach außen vertreten muss, dann zehrt das mächtig an der Substanz.

Ich erzähle das jetzt auch Mandy und treffe genau den wunden Punkt.

»Das ist das Schlimmste, dass es jetzt alle wissen«, sprudelt es aus ihr heraus. »Weißt du eigentlich, was die in der Schule über euch erzählen? Sie ziehen mich mit Lesbenwitzen auf oder fragen mich höhnisch, wie mein Vater es schafft, mit zwei Frauen klarzukommen. Die sind alle so gemein. Am liebsten würde ich gar nicht mehr zur Schule gehen. Ich kann das alles nicht mehr ertragen.«

Und dann schluchzt sich Mandy ihren Schmerz von der

Seele. Ich wiege sie wie ein kleines Kind, und zum ersten Mal steigen Zweifel in mir auf, ob es richtig ist, dass ich zu meinen Gefühlen stehe. Darf ich so lieben, auf Kosten meiner Kinder? Oder muss ich meine Gefühle unterdrücken, damit sie ihr Elternhaus behalten?

Wie Blitze zucken die Gedanken durch meinen Kopf. Ich denke daran, alles rückgängig zu machen. Kathleen wird sich wieder verlieben, sie ist jung. Und ich bleibe bei Franz. Seine Liebe muss dann eben für mich reichen.

Doch dann sage ich mir, dass das nicht geht. Kinder haben Anspruch auf liebende Eltern, aber auch auf Eltern, die mit sich selbst im Reinen sind und ihr Glück mit den Kindern teilen können. Und wenn Kathleen mein Glück ist, dann werde ich meinen Töchtern dieses Glück auch vermitteln können. Vermutlich braucht es nur noch etwas Zeit. Aber wenn sie Tag für Tag erleben, wie liebevoll Kathleen und ich miteinander umgehen, wie aufmerksam und zugewandt wir sind, werden sie nach und nach verstehen, dass unsere Liebe nicht falsch sein kann.

Dank Kathleen haben die Kinder und ich endlich ein richtiges Zuhause. Unsere Wohnung ist nicht mehr nur zum Schlafen da, wie es früher mit Franz war. Nein, Kathleen liebt es, alles hübsch zu dekorieren. Sie kocht und backt gern und bringt viel Wärme in unser Zuhause. Wenn ich von der Arbeit komme und die Wohnungstür öffne, flackern oft Kerzen, und es riecht nach Vanille oder Lavendel. Kathleen bastelt häufig mit Laura Geschenke oder malt mit Sarah Aquarelle. Sie ist ein sehr gefühlvoller Mensch mit einem riesengroßen Herzen. Sie macht mich glücklich.

KAPITEL 10

Es geschehen noch Wunder. Vor wenigen Wochen haben Franz und ich uns noch bis aufs Blut bekämpft, jetzt sitzen wir hier nebeneinander in der Gaststube, als wäre zwischen uns nie ein böses Wort gefallen. Es ist ein verregneter Sonntag und schon weit nach Mitternacht. Der Tag war erfolgreich. Wir hatten eine Geburtstagsgesellschaft und richtig gut zu tun. Kathleen und ich haben den Service gemacht, Franz hat gekocht.

Zur Belohnung haben wir uns ein Glas Wein eingeschenkt und denken jetzt laut darüber nach, wie wir es schaffen könnten, künftig noch mehr Geburtstagsfeiern auszurichten.

Kathleen ist schon etwas angetrunken, als sie sich plötzlich entspannt zurücklehnt, liebevoll über ihren Bauch streicht und meint: »Ich möchte ein Baby!«

Ich zucke zusammen. Warum muss sie das jetzt sagen? Es ist doch nicht nötig, Franz zu provozieren. Ich bin froh, dass sich die ganze Situation etwas entspannt hat, und jetzt das.

Ich weiß ja von ihrem Babywunsch, seit Wochen spricht sie darüber. Wir haben auch schon überlegt, wann es zeitlich passen würde und – das Schwierigste – wer der Vater sein könnte. Kathleen dachte zuerst an einen Samenspender, aber ich habe recherchiert, das ist viel zu teuer für uns, das können wir uns nicht leisten, bei den ganzen Schulden, die wir haben. So was kostet leicht mehrere Tausend Euro, mit künstlicher Befruchtung und allem, was dazugehört.

Neuerdings erzählt Kathleen, dass sie sich ein Kind »machen lassen« möchte, aber das Thema schreckt mich. Ich kann mir nicht vorstellen, dass meine geliebte Kathleen mit einer Zufallsbekanntschaft ins Bett steigt und sich schwängern lässt. Und überhaupt, wie sieht das rechtlich aus? Hätten wir dann immer einen fremden Vater in unserem Leben? Irgendeinen dahergelaufenen Typen, der das Kind sehen will? Ich möchte das gar nicht zu Ende denken. Aber ich habe gut reden, ich habe drei Kinder, die ich liebe und die mein Leben rund machen. Kathleen will auch Mutterglück erleben, einen kleinen Menschen aufwachsen sehen, etwas von sich selbst in ihm erkennen, grenzenlose Liebe empfinden. Ich weiß, dass ich ihr das nicht verwehren darf. Sie soll Mutter werden, aber sie soll uns bitte, bitte noch ein bisschen Zeit damit lassen. Im Moment, in all dem Durcheinander, das immer noch herrscht, da passt es einfach nicht.

Und jetzt erzählt sie auch noch Franz davon! Der wird nichts Besseres zu tun haben, als es an die ganz große Glocke zu hängen.

»Alles zu seiner Zeit«, sage ich gespielt flapsig und hoffe, dass er schon genug getrunken hat, um das Thema schnell wieder zu vergessen.

Das Gegenteil ist der Fall. Plötzlich ist er hellwach und sehr, sehr neugierig. »Wie willst du das denn machen?«, fragt er spöttisch. »Das kriegt ihr Frauen alleine ja nicht hin. Wenigstens dafür braucht ihr Gott sei Dank noch uns Männer.« Und dann legt er Kathleen einen Arm um die Schultern und säuselt: »Aber wenn du willst, bin ich dabei. Ich mache dir gerne ein Kind. Und das nächste wird bestimmt ein Junge, drei Mädchen habe ich ja schon.«

Mir dreht sich der Kopf. Jetzt ist Franz wieder bei seinem alten Thema. Und Kathleen, meine Kathleen, sieht ihn nicht entsetzt an, wie ich es vermutet hätte, nein, sie blinzelt ihm verschwörerisch zu. Was ist denn auf einmal los mit ihr?

Franz schenkt noch einmal mein Glas voll. »Also, was machen wir denn jetzt mit den Geburtstagsfeiern? Wollen wir einen Spezialpreis einführen?«, lenkt er schnell von dem brisanten Thema ab.

Ich bin erleichtert. Gott sei Dank, es ist vorbei!

~

»Wie soll das gehen? Seid ihr total verrückt geworden?«

Mein Herz pocht wie wild. Soeben haben mir Kathleen und Franz offenbart, dass sie ein Kind zusammen zeugen möchten. Beide sitzen mir gegenüber auf dem Familiensofa und sehen mich an, als wollten sie die Gartengestaltung mit mir besprechen.

»Das ist nicht dein Ernst, Kathleen!«, fahre ich aus der Haut. Ich will meine Frau nicht mit einem anderen Kerl im Bett wissen und schon gar nicht mit meinem Mann. Franz hat uns wochenlang nachgestellt, weil er ausgerechnet Kathleen begehrt hat oder weil es ihm so praktisch vorkam, dass seine Ehefrau ihm das »Frischfleisch« quasi noch auf dem Silbertablett servierte. Und jetzt soll ich dulden, dass die beiden miteinander ins Bett springen?

»Ihr seid vollkommen wahnsinnig!«, tobe ich weiter und springe unruhig auf. Ich möchte Kathleen am liebsten rütteln, wachrütteln, auch wenn ich genau weiß, warum sie das hinter meinem Rücken eingefädelt hat. Sie ist ungeduldig. Ihre biologische Uhr tickt immer lauter. So laut, dass sie es nicht mehr schafft zu warten, obwohl sie noch so jung ist. Sie will ein Kind, so schnell wie möglich. Dazu nimmt sie sogar in Kauf, mit Franz ins Bett zu gehen. Und der spielt natürlich nur allzu gern mit. Ich könnte ihm eine knallen. Er ist und bleibt ein Macho.

Vom ersten Tag an hat er mir gesagt, wo es im Leben langgeht, angefangen bei unserer Spanienreise über den Immobilienkauf bis hin zur stetigen Vergrößerung unseres Unternehmens. Franz macht, was er will. Und jetzt sieht er eine andere Frau, die noch dazu die Geliebte seiner Ehefrau ist, und ist wieder derjenige, der den Vorhang auf- und zuzieht.

»Was soll der Blödsinn?«, fahre ich Kathleen an, als Franz in seine Wohnung hinuntergegangen ist. »Wie konntest du nur mit ihm darüber sprechen? Ein Kind von ihm, wie stellst du dir das vor? Soll ich zugucken, wenn ihr es miteinander treibt? Da spiele ich nicht mit. Ich lasse mich nicht so kaltstellen. Wieso tust du mir das an?« Ich breche in Tränen aus.

Im selben Moment spüre ich Kathleens Arme, die mich ganz fest umschlingen. Ich spüre ihre Lippen an meinem Hals, an meiner Wange, auf meinem Mund. »Komm, Liebling, rede nicht so. Du weißt doch, dass das für mich nicht gerade schön wäre. Aber es ist besser als alle anderen Alternativen.«

Sie streichelt mir übers Haar, streicht mir eine Strähne aus der Stirn und sieht mir fest in die Augen. »Ich möchte nicht einfach ein Kind. Ich möchte ein Kind mit dir, weil ich dich mehr liebe als alles andere auf der Welt. Franz wird nur der Erzeuger sein, aber uns beide wird dieses kleine Lebewesen, das wir zusammen großziehen, für immer miteinander verbinden.« Dann drückt sie mir ihren Mund auf die Lippen. Minutenlang spielen unsere Zungen miteinander, und ich könnte nicht in Worte fassen, wie viel ich für diese Frau empfinde.

Als wir uns loslassen, wird Kathleen ganz ernst. »Hör zu, Karina, ich habe Franz nicht aus einer spontanen Laune heraus gefragt. Ich habe mir etwas dabei gedacht. Wenn er der Vater ist, wäre es für uns alle leichter. Die drei Mädels hätten ein leibliches Geschwisterkind, und ich hätte einen Kindsvater, der ohnehin schon zur Familie gehört. Franz werden wir sowieso nicht los. Er, du und die drei Kinder, ihr werdet immer irgendwie zusammen sein. Keiner von euch kann das Geschäft ohne den anderen führen, das hast du selbst gesagt, und das haben die letzten Wochen ja auch gezeigt. Außerdem will Franz bei seinen Kindern sein, und die Kinder wollen bei ihm sein. Da ist es doch nur konsequent, wenn ich das Kind von ihm bekomme und dadurch auch untrennbar mit ihm verbunden bin.«

Kathleen schaut einen Moment lang nachdenklich vor sich hin, dann fasst sie mich an den Schultern und sieht mich durchdringend an. »Glaub mir, Franz als Vater zu nehmen ist die einfachste Lösung. Es geht doch nicht um Liebe. Ich schlafe nur mit ihm, weil ich ein Kind will. Und du musst nicht denken, dass mir das Lust macht. Im Gegenteil, es widert mich an, einen Mann in mir zu spüren, egal welchen, das weißt du. Wäre es denn für dich weniger schlimm, wenn ich mir irgendwelche Disco-Bekanntschaften mit nach Hause nehmen würde?« Sie runzelt die Stirn, wartet meine Antwort aber gar nicht erst ab. »Und da es wahrscheinlich nicht beim ersten Mal gleich klappen würde, müsste ich womöglich wochenlang durch die Discos schleichen und Männer aufreißen. Erzähl mir nicht, dass dir das angenehmer wäre. Und wenn sich einer von den Kerlen in mich verliebt und plötzlich vor der Tür steht, um mich wiederzusehen?« Sie nimmt die Hände von meinen Schultern und seufzt. »Versteh doch, es ist einfach am praktischsten so. Ich muss Franz nicht erst lange was vorspielen, er will ohnehin mit mir ins Bett. Außerdem kennen wir ihn und wissen, dass er nicht irgendwelche Erbkrankheiten hat und auch sonst gesund ist.«

Langsam dämmert mir: Kathleen hat recht.

Aber die Vorstellung, dass Franz sie gierig betatscht und sich an ihr abreagiert, an meiner Frau, die macht mich wahnsinnig.

»Ich weiß nicht, wie ich das aushalten soll«, sage ich und fühle mich ganz klein und elend. »Und überhaupt, wie soll das gehen? Wir beide sagen uns gute Nacht, und dann gehst du runter zu Franz, und ich warte oben, bis alles vorbei ist? Kathleen, Liebling, ich habe Angst davor.« Ich schrumpfe auf meinem Sessel zusammen wie ein Ballon, aus dem man die Luft herausgelassen hat. »Und was ist, wenn du nicht gleich schwanger wirst? Kriechst du dann monatelang zu ihm ins Bett, während ich oben fernsehe?« Meine Stimme klingt resigniert. Ich bin traurig, todtraurig. Ich weiß nicht, ob Liebe so sein muss.

~

»Mama, ich hab Durst!« Laura steht im Nachthemd vor mir.

Ich schrecke nervös hoch. »Was? Ach so, im Kühlschrank steht eine volle Flasche Wasser.«

Ich sehe Laura an. Hoffentlich merkt sie nicht, wie unruhig ich bin. Es ist kurz vor Mitternacht, und draußen fällt dichter Schnee. Ich habe mir eine Flasche Wein aufgemacht und renne wie ein Tiger im Käfig in meinem Wohnzimmer auf und ab. Das Herz schlägt mir bis zum Hals, meine Hände zittern. Ich habe das Gefühl, mich jeden Moment übergeben zu müssen.

»Mama, ist alles okay?«, fragt mich Laura. »Warum schläfst du nicht?«

Ich nehme sie schnell in den Arm. Au weia, ich habe sogar wacklige Knie!

»Mama, du zitterst ja«, meint Laura.

Ich gebe meiner Kleinen einen liebevollen Klaps auf den Po. »Deshalb kann ich ja nicht schlafen. Heute war ein schlimmer Tag im Geschäft, und jetzt bin ich noch zu aufgedreht, um schlafen zu können. Aber in einer halben Stunde lege ich mich hin. Kathleen ist schon im Bett und schläft fest. Spring du auch schnell wieder in die Federn und mach die Augen zu. Morgen früh wartet ein anstrengender Schultag auf dich.«

Laura küsst mich rasch auf die Wange, trinkt einen Schluck Wasser in der Küche und geht zurück ins Kinderzimmer. Ich habe das Gefühl, sie ahnt, dass etwas nicht stimmt. Sie ist unser Nesthäkchen und sehr sensibel. Sie sieht doch, dass ihre Mama nicht einfach nur aufgedreht ist, sondern komplett durch den Wind. Was sie nicht weiß, ist, warum.

Kathleen ist bei Franz. Sie haben Sex. Ich bin total wütend und kann mich kaum bremsen. Ich lege mich aufs Sofa und ziehe mir die Decke über den Kopf. Ich will nichts mehr sehen und schon gar nichts mehr denken.

Aber ich kann mein Kopfkino nicht abstellen. Ich sehe genau die Bilder vor mir, die ich verdrängen will. Ich sehe Franz auf meiner Kathleen liegen. Erregt stößt er immer wieder in ihren zarten Körper, betatscht ihre Brüste, leckt ihren zarten Hals ab. Ich kann die Vorstellung nicht ertragen.

Vor einer knappen halben Stunde ist Kathleen zu ihm hinuntergegangen. Sie hatten sich erst kurz vorher in der Gaststube verabredet.

»Okay, du kannst nachher kommen«, hat Franz ihr im

Vorübergehen ins Ohr geflüstert. Die letzten Gäste waren gerade gegangen. Kathleen hat Gläser gespült, ich habe die Tische abgeräumt. Franz kam nur kurz aus der Küche, um seine Bestätigung loszuwerden. Kathleen misst im Moment regelmäßig ihre Temperatur, und heute scheint die Zeit für eine Befruchtung günstig zu sein. Sie muss ihm das gesagt haben.

Ich wusste natürlich, was das hieß. Jetzt war es so weit, jetzt wollten sie miteinander schlafen.

Kathleen war sich anscheinend nicht sicher, ob ich verstanden hatte, was Franz gesagt hatte, und sah mich unsicher an. Ich drehte den Kopf weg. Damit wollte ich nichts zu tun haben.

Wenig später haben wir beide unten das Licht ausgemacht und sind hoch in die Wohnung gegangen. Wortlos. Dann ging alles ganz schnell. Kathleen hat geduscht und kam mit einem schwarzen Nicki-Anzug wieder aus dem Bad.

»Ich bin gleich wieder da«, sagte sie leise. Das schlechte Gewissen war ihr deutlich anzusehen.

»Ich warte«, habe ich noch gesagt und mich gewundert, dass die Worte so scharf aus meinem Mund kamen. Das wollte ich gar nicht. Wir hatten uns ja geeinigt, dass Franz der Vater unseres Kindes werden sollte. Wir hatten uns nur nicht auf einen Zeitpunkt geeinigt. So genau wollte ich es gar nicht wissen, Kathleen sollte das allein mit Franz regeln. Ja, und das hat sie heute getan.

Als sie die Tür hinter sich ins Schloss zog, hätte ich schon platzen können vor lauter Wut. Ich habe den Fernseher angestellt, in üppigen Schlucken Wein getrunken und gewünscht, ich könnte die Zeit vordrehen. Franz und Kathleen im Bett, das muss ganz schnell vorbeigehen.

Jetzt liege ich hier auf dem Sofa und vibriere förmlich vor Zorn. Ich will, dass Kathleen wieder bei mir ist. Ich will, dass das alles nicht wahr ist.

~

»Zweimal Pommes mit Mayo!«

Heute brummt es im Imbiss. Es ist kurz vor Ostern 2006, und vor zwei Tagen haben die Schulferien begonnen. Der Verkehr Richtung Osten rollt durch unser Dorf und damit an unserem Imbiss vorbei.

Seit zwei Stunden habe ich kaum Gelegenheit, zwischendurch mal aufzuschauen. Zum Glück ist Anne für eine Woche zu Besuch. Sie lebt jetzt in Chemnitz und arbeitet dort als Physiotherapeutin. Es geht ihr prima, aber uns hat sie nicht vergessen. Wir telefonieren nach wie vor jede Woche, und alle drei Monate guckt sie bei uns vorbei. Anne ist Gold wert. Sie kommt nicht nur zum Ausspannen, nein, sie packt auch immer mit an, wenn es nötig ist. Und so steht sie jetzt neben mir im Imbiss, frittiert Pommes und grillt Würstchen.

Eigentlich sollte mir Kathleen helfen, aber sie ist zum Arzt gegangen, weil sie sich nicht gut fühlt. Ich hoffe, dass sie heute die erlösende Nachricht bekommt und endlich schwanger ist. Denn lange kann ich ihre nächtlichen Treffen mit Franz nicht mehr ertragen. Sie sind nicht gut für mich, und auch nicht für unsere Beziehung. Ich bin mittlerweile ständig gereizt, fast schon zickig.

Gut, Kathleen versucht, meine Verletztheit abzufedern. Immer wenn sie von Franz kommt, nimmt sie mich fest in den Arm und sagt mir, wie sehr sie mich liebt. Was zwischen den beiden passiert, ist zwischen uns tabu. Ich will kein Wort davon hören. Kathleen respektiert das. Franz leider nicht.

»Die Kleine ist eine Granate im Bett!« Mit dem Satz hat er mich nach seiner ersten Nacht mit meiner Geliebten beim Frühstück begrüßt. Am liebsten wäre ich ihm an die Gurgel gegangen, aber was hätte es gebracht? Ich habe an Franz' Seite gelernt, mich zurückzunehmen. Und ich habe an Kathleens Seite gelernt, empathisch zu sein. Ich weiß ja, warum er so reagiert. Er wird nicht damit fertig, dass ich ihm, dem Supermann, eine Frau vorziehe. Er kann nicht akzeptieren, dass er dieses Mal nicht der Sieger ist. Ich bin nicht mehr die Kleine, der er die Welt erklärt. Ich habe mich weiterentwickelt und schließlich meine eigene Welt gefunden. Wir sind auf Augenhöhe angekommen. Ich schaue nicht mehr zu ihm auf, sondern ihm direkt ins Gesicht. Das passt ihm nicht, und er nutzt jede Gelegenheit, um mich daran zu erinnern, was für ein toller Kerl er doch ist und was ich mit ihm alles verloren habe.

Ich leide unter der Situation und darunter, dass ich sie nicht ändern kann. Franz und ich kommen einfach nicht auseinander, die Kinder und das Geschäft sind unser Klebstoff. Ich muss lernen, mit ihm zu leben. Aber ich möchte auch nur so wenig von ihm wie möglich, und die letzten Wochen hatte ich deutlich zu viel von ihm.

»Guck mal, wer da kommt!« Anne stupst mir in die Seite. Ich sehe auf die Straße, Kathleen fährt mit dem Auto vor.

Wir haben gerade eine kurze Verschnaufpause im Imbiss und können ein bisschen Luft holen.

»Sieh mal, sie strahlt ja übers ganze Gesicht«, meint Anne.

Sie hat recht. Kathleen strahlt nicht nur, sie glüht förmlich und wedelt uns schon von weitem mit einem Briefumschlag zu.

»Weißt du, was das ist?«, fragt Anne beschwörend.

Ich grinse.

»Meinst du? Meinst du wirklich?« Anne schlägt sich lachend die Hände vors Gesicht.

Kathleen steht jetzt vor uns, öffnet den Briefumschlag und zieht langsam etwas heraus.

»Das ist ein Ultraschallfoto«, sprudelt es aus ihr hervor. Und dann setzt sie zu einem Freudensprung an und ruft laut: »Ich bin schwanger! Ich bin schwanger! Wir bekommen ein Kind!«

Sie hebt ihren Pulli hoch und legt meine Hand auf ihren nackten, festen Bauch. »Hier, fühl mal. Er ist schon dicker, findest du nicht auch? Ich weiß, ich spinne, aber vorhin hatte ich eine Sekunde lang das Gefühl, es bewegt sich etwas in mir. Klar kann das nicht sein, aber egal, ich bin glücklich. Ich werde Mutter! Ich könnte die ganze Welt umarmen!«

Kathleen drückt erst mich und dann Anne, und dann tanzt sie ausgelassen zwischen Grill und Fritteusen herum, und ich sehe ihr lächelnd dabei zu. Mein Gott, wie sehr liebe ich diese Frau!

Kathleen fällt mir jetzt in die Arme und drückt mir einen Kuss auf den Mund. »Danke, Liebste, danke, dass du durchgehalten hast. Ich gehe gleich rüber und erzähle es Franz. Er soll wissen, dass es jetzt keine Ausflüge mehr zu ihm gibt.«

Sie blinzelt mir zu, und ich gebe ihr einen Klaps auf den Po.

»Viel Glück«, ruft Anne.

Und dann ist Kathleen weg.

»Zweimal Currywurst!«, höre ich eine Stimme.

Ich schrecke hoch.

»Zum Hieressen?«

»Ja, bitte.«

Kathleen läuft über die Straße zum Gasthof.

Ich bin froh, dass es vorbei ist. Heilfroh.

Anne zwinkert mir zu. »Bin gespannt, ob wir gleich Franz' Freudenschrei hören.«

Es bleibt still.

Wir ahnen nicht, dass Kathleen mit ihrer Schwangerschaftsnachricht fast eine Katastrophe auslöst.

~

»Haut endlich ab, ihr Lesbenschlampen!«

Franz brüllt wie ein Irrer. Zum Glück ist das Lokal schon leer, die letzten Gäste sind vor einer halben Stunde gegangen. Kathleen hat ihm heute Mittag gesagt, dass sie ein Kind erwartet, und seitdem ist er unausstehlich. Ich verstehe nicht, warum ihn das so aufregt, er war auf die Nachricht doch vorbereitet. Den ganzen Nachmittag über hat er ein Bier nach dem anderen getrunken, zuletzt stand sogar eine Kornflasche neben dem Herd.

»Ich habe Angst, dass er irgendwann im Suff das Haus abfackelt«, hat mich Kathleen schon vor einer Stunde gewarnt.

»Wir passen auf«, versuche ich sie zu beruhigen.

Franz räumt torkelnd die Küche auf. Ich hoffe, dass er nicht noch mit uns diskutieren will. Die letzten Wochen haben wir fast jeden Abend hier gesessen und geredet. Das Thema war immer das gleiche: Wie kommen wir geschäftlich auseinander? Ich möchte mit Kathleen einen klaren Zuständigkeitsbereich, um mit Franz so wenig Berührungspunkte wie möglich zu haben. Ich habe ihm schon diverse Möglichkeiten vorgeschlagen, und wir haben uns auch schon unzählige Male geeinigt. Doch am nächsten Morgen kann er sich dann an nichts mehr erinnern, und abends geht das ganze Gerede von vorne los. Franz hat ja auch ein Interesse daran, finanzielle Klarheit zu bekommen, damit er weiß, welches Einkommen ihm zusteht, und damit er nicht mehr über Ausgaben diskutieren muss.

»Hoffentlich beruhigt er sich bald«, flüstert mir Kathleen jetzt zu.

»Da habe ich meine Zweifel«, antworte ich. »Heute führt er sich besonders schlimm auf, und er trinkt immer weiter. Wenn er gleich mit uns reden will, gehe ich hoch. Ich bin müde, ich will zeitig ins Bett.«

Kathleen nickt. »Ich auch. Aber was, wenn er wieder Theater macht?«

»Wir schließen uns ein, wie immer. Gut, dass Anne oben

ist, sie kann ihn beruhigen. Wenn er auf jemanden hört, dann auf sie«, sage ich leise. Wir stehen zu zweit hinter dem Tresen und beobachten Franz heimlich durch die offene Küchentür.

Ich beschließe, schnell den Müll in den Hof zu bringen. Oben im Haus ist es dunkel, Anne schläft wohl schon. Heute hat sie sich rührend um die Kinder gekümmert, die Mädchen lieben sie. Schade, dass sie nur noch zwei Tage bleibt.

»Ich bringe dich um, du Lesbenschlampe!«

Ich erstarre. Was war das denn? Ich reiße die Tür auf und renne zurück in die Gaststube. Dort steht Franz neben Kathleen und hält ihr eine Pistole an die Schläfe.

»Ich mache dich kalt. Dann ist endlich wieder Ruhe. Anders wird man dich Weibsstück ja nicht los!« Franz' Gesicht ist dunkelrot angelaufen. Er hat Mühe, auf den Beinen zu stehen, und weiß überhaupt nicht mehr, was er tut.

Kathleen sieht mich verzweifelt an. In ihren Augen flackert die pure Angst.

Ich überlege nicht lange, sondern bin mit einem Satz bei den beiden und schlage Franz die Pistole aus der Hand. »Bist du wahnsinnig!«, schreie ich ihn an und merke erst in dem Moment, dass wir ihm beide jetzt völlig ausgeliefert sind.

»Was ist da los?«, höre ich Anne von oben rufen.

»Schließ dich ein, schnell, und pass auf die Kinder auf!«, rufe ich, so laut ich kann. Dann packe ich Kathleen am Arm und renne mit ihr an Franz vorbei aus dem Haus.

»Wir müssen weg. Der dreht durch, wenn er dich weiterhin sieht«, sage ich und laufe mit ihr in die Dunkelheit. »Wir müssen zur Ferienoase. Da liegt mein Autoschlüssel. Und dann fahren wir weg. Irgendwohin, wo Franz dich nicht findet.«

Kathleen zittert, sie kann kaum laufen. Ich ziehe sie hinter mir her.

Doch was ist das? Franz verfolgt uns. Hat er die Waffe dabei? Ich kann es nicht sehen.

»Schnell, wir laufen durch die Felder«, flüstere ich Kathleen zu. Ich renne wie um mein Leben. Oder besser, um Kathleens Leben. Ich kenne Franz. Ich weiß, wann er austickt. Seine Augen waren ganz starr. So guckt er nur, wenn er vor Jähzorn nicht mehr ein noch aus weiß.

»Komm, schneller! Wir müssen vor ihm in der Ferienoase sein«, zische ich Kathleen zu.

Wie Diebe auf der Flucht hetzen wir durch das Kornfeld und sehen Franz im Licht der Laternen langsam durch die Allee wanken. Er hat die Pistole in der Hand, aber er hat Mühe zu gehen. Das ist unsere Chance. Als wir am Hintereingang der Ferienoase ankommen, ist Franz noch weit weg.

Ich ziehe Kathleen in die Kneipe. »Mach kein Licht an«, warne ich sie.

Mit einem Griff habe ich den Autoschlüssel, mein Handy. Ich schnappe mir noch zwei Jacken, die ich in der Küche liegengelassen habe, und dann laufen wir beide geduckt zum Auto. Franz kommt uns gefährlich nahe. Er stolpert, rafft sich wieder auf und geht kerzengerade die lange Einfahrt entlang auf die Kneipe zu. Ich bin mir sicher, wenn er Kathleen jetzt sieht, erschießt er sie. Er ist rasend vor Wut.

Ich verstehe nicht, warum die Nachricht von Kathleens Schwangerschaft ihn so aggressiv gemacht hat. Vielleicht, weil sie ihm nun nicht mehr zur Verfügung steht? Egal, was auch immer in ihm vorgehen mag, er ist gefährlich heute. Sehr gefährlich!

Ich lasse das Auto an und fahre ohne Licht los. Als ich auf die Seitenstraße biege und Gas gebe, fühle ich mich wieder sicher. Mit jedem Meter, den ich fahre, vergrößere ich den Abstand zu Franz. Kathleen ist gerettet.

In dieser Nacht fahren wir noch bis Dresden. Dort haben wir Freunde, bei denen ich Kathleen unterbringe. Sie muss buchstäblich aus der Schusslinie. Zwei, drei Tage, bis Franz sich beruhigt hat. Vielleicht war es doch keine so gute Idee, ihn als Vater zu nehmen. Er scheint die ganze Situation nicht zu verkraften.

Ich rufe Anne an. Die Kinder schlafen. Franz ist mittlerweile nach Hause gekommen und leise in seine Wohnung gegangen. Sie meint, sie habe ihn weinen gehört.

Kathleen und ich liegen die ganze Nacht wach im Gästebett und halten uns in den Armen. Wir weinen auch. Unsere Lebenssituation droht uns alle kaputtzumachen.

KAPITEL 11

Gleich am nächsten Tag fahre ich alleine zurück nach Commerau, und Franz gibt sich betont friedlich. Wir bekommen sogar mit Annes Hilfe ein vernünftiges Gespräch hin und einigen uns auf eine informelle geschäftliche Trennung. Ich soll die Ferienoase mit den Holzhäuschen bewirtschaften, Franz das Gasthaus »Heideschenke« mit dem Imbiss und die Scheune mit den Ferienwohnungen. Warum er sich plötzlich so kompromissbereit zeigt, begreife ich ein paar Tage später.

Da stellt er mir Simona vor. Sie ist hübsch, wie ich um einiges jünger als er und spricht Deutsch mit rumänischem Akzent. Kurz darauf zieht sie mit zwei Koffern bei Franz ein.

Simona tut mir fast ein bisschen leid, denn sie hat ja keine Ahnung, dass dieser Mann alles andere als wohlhabend und spendabel ist, worauf sie vielleicht gehofft hat. Frauen haben bei ihm zu arbeiten und keine Ansprüche zu stellen. Schon nach zwei Tagen steht sie dann auch hinter dem Tresen, und Franz brüstet sich lautstark damit, jetzt auf eine bezahlte Mitarbeiterin verzichten zu können.

Arme Simona! Aber im Grunde ist es mir egal. Ich habe nur den Wunsch, endlich in Ruhe mit Kathleen leben zu können.

Bei Kathleen entschuldigt sich Franz sogar. Zumindest kann man das so interpretieren, denn als ich sie drei Tage nach unserer Flucht durch die Felder wieder nach Commerau hole, schlägt er ihr bei der ersten Begegnung fast schon freundschaftlich auf die Schulter und murmelt, dass ihm alles sehr leidtue. Er habe an dem Abend einfach zu viel getrunken.

Kathleen hat große Mühe, sich wieder auf einen halbwegs normalen Umgang mit ihm einzulassen. Der eiskalte Pistolenlauf an der Schläfe hat bei ihr Spuren hinterlassen. Sie glaubt, dass Franz zu allem fähig ist, wenn man ihn reizt, und hat Angst vor ihm.

Um ihm zumindest privat aus dem Weg gehen zu können, räumen Kathleen und ich bereitwillig für Franz und seine Simona die große Familienwohnung über der Gaststube und ziehen mit den Kindern in die beiden Ferienwohnungen über dem ehemaligen Bistro gegenüber.

Privat sprechen wir nur noch das Nötigste miteinander, aber wir arbeiten professionell zusammen und schicken uns gegenseitig die Gäste.

~

»Hier, lies mal!« Kathleen hält mir einen Brief hin. »Den hat deine Mutter uns gerade geschickt.«

Ich überfliege die Zeilen und bin sprachlos. Franz hat meinen Eltern geschrieben. Der Brief besteht eigentlich nur aus Beleidigungen: Ich hätte mit meiner sexuellen Gier nach einer Frau eine Familie auseinandergebracht und ein Unternehmen zerstört. Das ganze Dorf würde über meinen Lebenswandel herziehen. Die Kinder würden gehänselt, und die Gäste blieben aus, weil niemand in der »Lesbenhochburg« seine Ferien verbringen wolle.

Wir frühstücken gerade, aber jetzt ist mir der Appetit vergangen. Ich schlage die Hände vors Gesicht und möchte am liebsten schreien. »Was ist jetzt schon wieder los mit Franz? Warum lässt er uns nicht endlich in Ruhe?«, frage ich in die Stille.

»Es sind noch mehr solche Briefe im Umlauf«, sagt Kathleen ruhig. Sie ist hochschwanger, und ich will nicht, dass sie sich aufregt. Besorgt sehe ich sie an, aber sie spricht seelenruhig weiter. »Angeblich hat er an die Schule, den Bürgermeister und sogar an einige Stammgäste geschrieben. Ich weiß auch nicht, warum er das macht. Er schadet doch nicht nur uns beiden, sondern auch sich selbst.«

Kathleen hat recht, aber Franz scheint nicht nachzudenken. Um Vernunft geht es ihm mal wieder nicht, eher um Rache. Diese Wut lässt ihn einfach nicht los.

»Weißt du, von mir aus kann er das ganze Dorf mit den Briefen plakatieren, damit komme ich klar. Aber er stellt doch auch die Kinder bloß und macht meine Eltern damit verrückt. Das nehme ich ihm wirklich übel.«

Meine Eltern wissen, dass ich mit Kathleen zusammen bin. Ich war schon im vergangenen November mit ihr und den Kindern dort. Es war Sonntag, und meine Mutter hatte Kuchen gebacken. Nach dem Kaffeetrinken, als Papa mit den Mädels in der Werkstatt war, habe ich zu ihr gesagt: »Ich liebe Kathleen. Wir leben zusammen.«

Mama meinte nur: »Das habe ich mir schon gedacht.« Das war's. Keine Nachfragen. Keine Vorwürfe. Kein Kommentar. Ich glaube, sie fand es nicht besonders toll. Am liebsten hätte sie wohl gehabt, wenn meine Ehe mit Franz weiterbestanden hätte. Aber ich bin ihr einziges Kind, sie liebt mich. Was für sie zählt, ist, dass ich glücklich bin, egal, ob mit einem Mann oder einer Frau.

Wie mein Vater auf die Nachricht reagiert hat, weiß ich nicht. Ich habe nicht mit ihm darüber gesprochen. Ich wollte ihn auch nicht aufregen, schließlich war ich heilfroh, dass er seine Nierenkrankheit überwunden hatte und wieder gesund war.

Papa steht immer zu hundert Prozent hinter mir, darauf kann ich mich verlassen, aber gesprochen hat er nie viel mit mir. Ich erinnere mich an eine Reise nach Stuttgart. Papa und ich wollten einen Mercedes ab Werk kaufen und haben insgesamt fünfzehn Stunden zusammen im Auto gesessen und höchstens zehn Sätze gesprochen. Für mich ist das Auto der ideale Ort, um lange, intensive Gespräche zu führen. Man hat Zeit, man ist aufmerksam, und man kann nicht aussteigen. Es gibt keinen besseren Ort, um sich näherzukommen. Aber Papa und ich haben, so unglaublich es klingt, während dieser Fahrt fast die ganze Zeit geschwiegen. Papa spricht überhaupt wenig. Er macht sich mit Sicherheit seine Gedanken, aber er behält sie für sich. So habe ich bis heute nicht erfahren, wie er zu mir und Kathleen steht. Wenn wir in Wettin sind, ist er lieb und hilfsbereit. Aber ob er wirklich damit zurechtkommt, dass seine Tochter eine Frau liebt? Ich weiß es nicht. Was ich aber genau weiß: Er will nicht solche Schmutzbriefe lesen. Vielleicht hat Mama ihm den ganzen Unsinn auch erspart und den Brief direkt an uns geschickt. Es wäre das Beste. Aber sie selbst wird sich jetzt bestimmt furchtbare Sorgen machen. Warum muss Franz sie so aufregen? Das ist einfach gemein.

»Geht jetzt alles wieder von vorne los?«, fragt mich Kathleen unsicher.

»Nein«, sage ich bestimmt. »Ich kläre das, noch heute. Sonst sind wir weg – für immer.«

~

»Vater unbekannt.« Ich kreuze das Kästchen auf dem Fragebogen der Klinik an, dazu schreibe ich das Datum hin: 1. 10. 2006, 3:00 Uhr, und den Namen Leon. Seit einer Stunde ist der Kleine auf der Welt. Gerade hat man ihn mir aus dem Arm genommen, damit er auf der Kinderstation durchgecheckt werden kann. Wir bleiben im Kreißsaal, bis Kathleen in ihr Zimmer gebracht wird.

Ich lege das Formular weg, nehme ihre Hand. Sie strahlt mich an. Wir sind so glücklich.

»Ihre Tochter wird gleich abgeholt«, sagt der Arzt, bevor er den Kreißsaal verlässt. Ich nicke. Man hält mich für Kathleens Mutter, aber ich sage nichts dazu, es ist mir egal. Ich will nicht mehr viel erklären. Ich will einfach nur diesen Moment genießen.

Kathleen und ich, wir haben unser Kind. Ich sehe ihr in die Augen, ganz lange, ganz innig. »Ich liebe dich, Kathalena«, flüstere ich und streichele ihr über die Wange. Sie sieht müde aus, meine Kleine.

»Ich dich auch«, haucht sie, und dann schließt sie erschöpft die Augen.

Die letzten Monate waren nicht leicht für sie. Kathleen hat sich trotz ihrer Schwangerschaft nie geschont, sondern bis an die Grenzen ihrer Kräfte geschuftet. Wir hatten eine gute Saison, die Ferienoase war wochenlang ausgebucht. Kathleen hat bis zum Schluss im Service gearbeitet und sichtbar stolz den immer runder werdenden Bauch gezeigt.

»Lass uns eine Aushilfskraft suchen«, habe ich ihr oft vorgeschlagen, und manches Mal war ich richtig besorgt um meine beiden. Aber Kathleen hat immer nur den Kopf geschüttelt und »Mir geht's bestens« gesagt.

Und wenn ich in ihrem Gesicht dieses innere Strahlen gesehen habe, wusste ich, dass sie die Wahrheit sagte. Kathleen hatte diese tiefe Zufriedenheit, die man nur bei Schwangeren findet. Die legte sich wie ein Schutzschild um sie. Auch Franz hat das gespürt und uns die letzten Wochen in Ruhe gelassen. Die Schmähbriefe waren sein letzter Ausrutscher. Offenbar brauchte er das, um noch einmal seine ganze Wut hinauszuschreien. Er musste die Welt darüber aufklären, dass es nicht an ihm lag, wenn seine Frau plötzlich eine Geliebte hatte. Ich bin damals zu ihm gefahren und habe ganz klar gesagt, dass das aufhören muss. Sonst würde ich mit Kathleen und den Kindern verschwinden. Egal, welche Folgen das haben würde.

Danach war Ruhe. Wenn wir uns geschäftlich miteinander austauschen mussten, war Franz von nun an immer höflich, oft auch besorgt. Er hat häufig gefragt, ob bei Kathleen und Co. alles in Ordnung sei. Franz war nicht nur der Vater unseres Kleinen, er fühlte sich auch so.

Als bei Kathleen heute Nacht im Bad die Wehen einsetzten, habe ich sie sofort ins Auto bugsiert und noch auf der Fahrt ins Krankenhaus bei ihm angerufen. Er hat uns schlaftrunken viel Glück gewünscht.

Morgen werde ich Franz mitbringen. Er soll den Kleinen sehen. Wir sind eine Familie, zwar eine ungewöhnliche, aber das ist nicht wichtig. Was zählt, ist, dass wir jetzt nach all den Streitereien und oft auch brutalen Auseinandersetzungen zusammenhalten und den Kleinen gut groß bekommen.

Während Kathleens ganzer Schwangerschaft kam von den Gästen und vielen Stammkunden immer wieder die Frage, wer denn der Vater sei. Wir haben nur ausweichend geantwortet und es niemandem gesagt. Klar, einige werden sich denken, dass Franz der Vater ist, aber das sind nur Vermutungen. Wir lassen sie alle rätseln. Die Wahrheit wissen nur wir drei Erwachsenen und die drei Mädchen. Denen habe ich alles erzählt, denn sie sollen wissen, dass Leon und sie denselben Vater haben. Ich habe ihnen auch gesagt, warum es so gekommen ist. Wahrscheinlich haben sie das alles nicht wirklich verstanden. Ich weiß auch gar nicht, ob man das überhaupt verstehen kann.

KAPITEL 12

»Den Tisch könnten wir ans Fenster stellen, was meinst du?«

Kathleen nickt. »Gute Idee! Komm, ich packe mit an. Lass uns das gleich machen.«

Ich bin schon todmüde. Seit acht Stunden schleppen wir Möbel und Kartons. Wenn nicht langsam Schluss ist, klappe ich zusammen.

»Nur noch die Truhe, Liebling, dann haben wir es geschafft«, muntert mich Kathleen auf und meint: »Dann haben wir unser erstes eigenes Zuhause. Meine Güte, wie sehr habe ich diesen Augenblick herbeigesehnt!«

In dem Moment steht Sarah in der Tür, eine Sektflasche in der Hand. »Hier, zum Feiern. Die schenkt euch Papa.«

Wenig später sitzen wir zu dritt in der Küche und stoßen an. Auf unsere neue Wohnung, aber auch auf geregelte Verhältnisse. Denn Franz und ich haben mehrere Jahre nach Leons Geburt endlich eine Lösung gefunden, wie wir uns geschäftlich trennen können, und er war dieses Mal auch bereit, sie juristisch abzusichern. Oder besser: Franz hat mir einen Vorschlag gemacht, und ich habe ihn sofort angenommen, obwohl ich deutlich schlechter dabei abschneide als er. Ich wollte nicht mehr länger mit ihm herumfeilschen, sondern nur eins: endlich mit Kathleen in Frieden leben können.

Vor zwei Wochen, Anfang April 2010, haben wir beim Anwalt unterschrieben: Franz hat die »Heideschenke«, den Imbiss und die Scheune bekommen, also sämtliche Häuser im Dorf, und wird sie auch allein bewirtschaften. Mir gehört die Ferienoase mit allem, was dazugehört. Die Schulden haben wir geteilt. Jeder hat die Hälfte übernommen.

Als ich den Vertrag unterschrieben hatte, war ich unglaublich erleichtert, und Kathleen und ich wollten jetzt auch gleich Nägel mit Köpfen machen. Im Nachbardorf Jetscheba gibt es ein schick renoviertes Bauernhaus, das einer Engländerin gehört, die dort manchmal ihre Ferien verbringt. Die meiste Zeit steht es jedoch leer. Ich habe sie angerufen und gefragt, ob wir es mieten könnten. Wir konnten und durften sofort einziehen.

Ich wollte keine Zeit mehr verlieren, nur weg, so schnell wie möglich. Zwei Tage später habe ich schon die ersten Kisten ins Haus gebracht.

Und jetzt sind wir da. Es ist eine Traumwohnung, mit tollen, großen Zimmern für den vierjährigen Leon und seine zehn Jahre ältere Halbschwester Laura. Sarah hat die Schule abgeschlossen und ist nach Kassel gezogen, wo sie eine Ausbildung beim Finanzamt macht. Mandy bleibt bei ihrem Vater im Gasthaus. Sie hat dort eine eigene kleine Wohnung, genau das Richtige für eine Siebzehnjährige.

Als ich uns den Sekt einschenke, bin ich zwar erschöpft, aber innerlich entspannt. Es ist schön, dass sich nach den jahrelangen Turbulenzen mein Leben so gefügt hat.

»Auf die Zukunft«, proste ich Kathleen zu.

»Ja, und hoffentlich können wir noch öfter die Korken knallen lassen«, sagt sie fröhlich.

Sarah nimmt uns beide fest in den Arm. »Ich glaube, dass es Papa jetzt auch wieder gutgeht. Ich finde, in den letzten Wochen war er richtig lieb. Man konnte sehen, dass er froh ist, endlich klare Verhältnisse zu haben. Übrigens bezahlt er mir den Führerschein. Ist das nicht klasse?«

Als sie später zurück in ihre Wohnung geht, setze ich mich mit Kathleen noch auf die Terrasse. Es ist eine wunderbar klare Frühlingsnacht. Die Sterne blitzen wie Kristalle, und die Luft ist ungewohnt mild.

»Erinnerst du dich noch an unsere erste Nacht?«, frage ich Kathleen.

»Klar, wir haben draußen vor meinem Haus auf der Treppe gesessen und stundenlang geredet. Der Himmel war genauso klar wie heute.«

»Genau, daran habe ich auch gerade gedacht. Damals war das mit uns noch so unwirklich, so weit weg. Ich hatte mein festgezurrtes Leben und wäre nie auf die Idee gekommen, es aufzugeben. Außerdem hatte ich ja keine Ahnung, dass ich eine Frau lieben kann. Trotzdem, als du mir damals in die Augen gesehen hast, wusste ich, dass nichts mehr so sein wird, wie es mal war.«

Kathleen legt mir einen Arm um die Schulter, und dann sitzen wir ganz eng zusammengekuschelt und schauen in den Himmel, stumm und ergriffen von dem Moment. Wir haben beide um unser Glück kämpfen müssen. Jetzt haben wir ein eigenes Zuhause. Es gibt keinen Franz mehr in unserer Nähe, der uns Angst macht. Es gibt keine endlosen quälenden Diskussionen mehr. Wir sind frei. Wir haben unsere Liebe, und wir haben ein eigenes Geschäft, von dem wir hoffentlich leben können. Ich fühle, dass meine Augen feucht werden. Tränen kullern über mein Gesicht. Es sind Freudentränen.

~

»Hier, Prinz, hilf mir mal!« Franz steht in der Küche und wirft Leon einen Rührbesen zu. Der Knirps fängt ihn begeistert auf, und dann macht sich das neue Koch-Duo ans Werk. Es gibt Rühreier zum Frühstück. Franz hat uns eingeladen, wir essen heute alle zusammen im Gasthaus.

Kathleen und ich decken den Tisch, Franz und seine neue Freundin Krassimira bereiten alles in der Küche vor. Krassimira ist erst seit sechs Monaten da, sie hat Simona beinahe übergangslos abgelöst.

Krassimira ist knapp dreißig, sehr schlank und für meinen Geschmack immer eine Spur zu auffällig zurechtgemacht. Der Lippenstift zu grell, die Nägel zu bunt, der Pulli zu eng. Aber Franz gefällt das, und er scheint mit ihr zurechtzukommen. Zumindest wenn sie tut, was er sagt. Wenn nicht, dann wiederholt sich das, was ich so viele Jahre lang erlebt habe: Geschrei, endlose Diskussionen und zwischendurch auch mal Funkstille. Aber zum Glück bekomme ich das nur noch am Rande mit.

Kathleen und ich managen ja die Ferienoase, Franz den Gasthof, und dazwischen liegen zwei Kilometer Landstraße.

Natürlich sehen wir uns regelmäßig. Franz kommt öfters mal abends auf ein Bier vorbei, auch um Leon zu sehen. Genauso wie ich manchmal im Gasthof vorbeischaue und einen Kaffee mit ihm trinke.

Wir arbeiten ja auch zusammen. Wenn ich eine Buchung für eine Familienfeier habe, bestelle ich das Essen bei Franz. Umgekehrt schickt er uns die Gäste, die nach einer preiswerten Unterkunft suchen. Unser Verhältnis ist seit der rechtlichen Trennung und unserem Umzug nach Jetscheba in Ordnung. Wir haben keinen Streit mehr, und es gibt keine Rüpeleien mehr. Wir gehen fast schon freundschaftlich miteinander um, den Kindern zuliebe, dem Geschäft zuliebe und vermutlich auch uns selbst zuliebe.

»Ich nehme Rührei!«, ruft Kathleen in die Küche.

Leon kommt mit dem Teller in die Gaststube gerannt und stellt seiner Mutter einen reichlich gefüllten Teller hin.

»Hier, vom Onkel Franz«, sagt er laut.

Leon weiß noch nicht, dass Franz sein Vater ist. Wir wollen es ihm später sagen, wenn er größer ist. So haben Franz, Kathleen und ich uns geeinigt.

Kathleen hat den Namen des Vaters bis heute nicht offiziell angegeben, aus Angst, dass es sonst wieder Probleme mit Franz geben könnte. Sie glaubt, er würde sich dann womöglich als Vater aufspielen und sich in unser Leben einmischen. Offiziell ist also Leons Vater nach wie vor nicht bekannt. Wir haben alle dichtgehalten. Und wir alle lieben den Kleinen und verwöhnen ihn nach Strich und Faden. Leon ist wirklich ein Prinz bei uns, und so nennen wir ihn auch.

Mandy gibt ihm jetzt einen Klaps auf den Po. »Komm her, du Knirps, bring mir auch was zu essen. Ich habe einen Bärenhunger«, faucht sie ihn gespielt aggressiv an.

Leon schreit wie am Spieß und rennt in die Küche. »Onkel Franz, das Mandy-Monster hat Hunger. Es will Rührei!«

Franz nimmt den Kleinen auf den Arm und küsst ihn auf die Wange.

Ich bin ganz gerührt. Nun sitzen wir hier zusammen, albern herum, essen gemeinsam und lassen es uns gutgehen.

Als Franz aus der Küche kommt, hat er eine Flasche in der Hand. »Kommt, wir machen einen Sekt auf. Wer weiß, wann wir mal wieder einen Grund zum Feiern haben«, sagt er fröhlich und verschwindet hinter dem Tresen, um die Gläser zu holen. Kathleen blinzelt mir zu. Ich lächele zufrieden. Mein Leben ist schön. Ich bin glücklich und stolz zugleich, es so weit geschafft zu haben.

~

»Kommst du rüber und übernimmst die Abendschicht?«, brummt Franz durchs Telefon.

»Klar, wann soll ich da sein?«, frage ich ihn. Innerlich jubele ich vor Freude.

Es ist September, und in der Ferienoase ist es ruhig geworden. Mir fehlt Geld. Bislang haben wir ja im Winter von der »Heideschenke« gelebt, aber das ist nun ganz allein

Franz' Ding. Reserven habe ich keine. Ich muss mir etwas einfallen lassen.

Kathleen war im Sommer bei mir angestellt und bekommt jetzt etwas Arbeitslosengeld. Zusätzlich hat sie einen Job in einem Drogeriemarkt. Das reicht natürlich nicht für uns alle.

Franz kennt meine Situation und bietet mir an, ein paar Wochen bei ihm zu arbeiten. Der Stundenlohn ist nicht üppig, aber egal, Hauptsache, es fließt Geld in die Familienkasse.

Dazu ergattere ich mir noch einen Aushilfsjob als LKW-Fahrerin. Zum Glück habe ich ja eine Ausbildung zum Militärkraftfahrer. Den Führerschein durfte ich in der DDR wegen meiner Erfolge im Sport machen. Aber es ist ein Knochenjob! Ich muss um zwei Uhr in der Nacht raus und bin erst nachmittags um fünf wieder zurück. Mein Gebiet geht bis Dresden und Spremberg. Wenn ich nach Hause komme, sage ich keinen Mucks mehr, sondern lege mich nur noch aufs Sofa und schlafe direkt ein. Doch das Geld stimmt, das zählt.

Trotzdem wird es nicht reichen bis zur Wiedereröffnung der Ferienoase im April. Unsere laufenden Kosten sind hoch. Wir müssen Miete für das Haus zahlen, Stallmiete, außerdem Tierfutter kaufen und jede Menge investieren. Im Laufe der Sommersaison ist einiges kaputtgegangen. Dazu kommen hohe Auflagen der Behörden, entsprechend teuer sind die Versicherungen. Und nicht zu vergessen: Ich muss die Kredite abstottern und Steuern abführen.

Finanziell sieht es wirklich nicht gut aus, aber Geld ist

nicht das Wichtigste im Leben. An Franz' Seite bin ich lange genug dem Wohlstand hinterhergelaufen, ohne ihn jemals wirklich einzuholen. Franz konnte nie genug bekommen und hat immer weiter expandiert, ich habe mitgemacht und viel zu spät gemerkt, dass das alles nicht glücklich macht.

Glück bedeutet, einen Menschen von ganzem Herzen lieben zu können, Zugehörigkeit zu spüren und zu vermitteln. Glück bedeutet, zu wissen, wie man leben will. Ich weiß es.

KAPITEL 13

»Was ist los?«, frage ich und sehe Franz irritiert an.

Es ist der 1. August 2011. Franz sitzt in der »Heideschenke« am Stammtisch und sieht irgendwie anders aus als sonst. An der Trennung von Krassimira kann es nicht liegen, sie ist schließlich schon seit Anfang des Jahres weg. Ich habe keine Ahnung, warum, wir haben nie darüber gesprochen. Wenn er es von sich aus nicht erklären möchte, bohre ich nicht nach. Ich habe auch nicht gefragt, als Simona plötzlich weg war. Wir sind jetzt seit genau einem Jahr rechtskräftig geschieden. Was Franz mit seinen Frauen macht, geht mich nichts mehr an.

Aber sein Gesicht wirkt heute merkwürdig eingefallen. Ich habe ihn jetzt bestimmt fünf Wochen nicht mehr bewusst angesehen. Es war geschäftlich so hektisch, dass wir uns immer nur im Vorübergehen begegnet sind. Vielleicht war er erkältet und hat sich noch nicht auskuriert? Jetzt fällt mir ein, dass er letzte Woche einen Tag im Krankenhaus war. Sein Koch hat es bei einem Bier in der Ferienoase erzählt.

»Der Chef musste gestern in die Klinik.« An den Satz erinnere ich mich, aber ich habe auch da nicht nachgehakt. Es war ja nur ein Tag, dann konnte es nichts Ernstes sein. Franz hat öfter mit dem Herzen zu tun. Kein Wunder, als Choleriker. Bestimmt hat er sich wieder so aufgeregt, dass sein Blutdruck verrücktgespielt hat und der Arzt ihn zum Durchchecken ins Krankenhaus schicken musste. Franz ist jetzt einundsiebzig und fühlt sich immer noch wie ein Bär. Aber er muss aufpassen, die letzten Jahre waren auch für ihn kräftezehrend. Er ist ein alter Mann, der ruhiger werden und langsam ein bisschen kürzertreten sollte.

Vielleicht hat er das aber auch begriffen und sitzt deshalb jetzt so still am Tisch.

Es ist noch früh, gerade zehn Uhr. Die Frühstücksgäste sind weg, und in der Küche klappert es, seine beiden Angestellten räumen auf.

Ich setze mich zu Franz. »Ist alles okay?«, frage ich ihn.

Er nickt. »Ja, ja, ich bin nur etwas müde.«

»Die siehst nicht gut aus«, sage ich ehrlich.

Franz geht nicht darauf ein, sondern meint nur: »Ich muss gleich zum Arzt nach Bautzen. Iris fährt mich, die neue Aushilfe. Ich warte nur darauf, dass sie fertig wird.«

Ich weiß nicht, warum mich das stört. Ich weiß auch nicht, warum ich plötzlich unruhig werde und mich einmische. Ich weiß nur, dass ich Franz an diesem Tag selbst zum Arzt bringen möchte. Jahrelang haben wir nicht mehr zusammen im Auto gesessen. Nach allem, was passiert ist, hätte ich das auch gar nicht mehr für möglich gehalten. Aber jetzt sage ich fast schon automatisch: »Ich fahre dich, Franz.«

~

Das Sprechzimmer ist nur halb voll, trotzdem sitzen wir hier schon über eine Stunde. Ich werde unruhig. Zu Hause wartet die Arbeit, und wir vertrödeln unsere Zeit.

Ich beklage mich bei der Sprechstundenhilfe. »Herr Follmann hat um elf Uhr den Termin, warum ist er denn immer noch nicht dran?«, will ich wissen.

Die Antwort ist ausweichend. »Bitte warten Sie noch einen Moment, Frau Doktor ist gleich so weit. Es fehlen noch Unterlagen.«

Ich schlucke die Erklärung.

»Soll ich zurückfahren und dich später abholen?«, frage ich Franz.

Er sieht mich mit großen Augen an. »Nein, bitte nicht. Du weißt doch, dass ich nie richtig hinhöre, wenn es um die Medikamente geht. Bestimmt vergesse ich die Hälfte. Bleib besser hier und hör mit, was die Ärztin sagt.«

Ich verstehe. Hier stimmt etwas nicht.

Ich rutsche auf dem Stuhl hin und her, und mein Magen verkrampft sich. Was ist los mit Franz? Ich beobachte ihn aus den Augenwinkeln. Er sitzt ganz ruhig auf seinem Stuhl, sieht nur starr geradeaus und sagt kein Wort. So geduldig kenne ich ihn gar nicht. Normalerweise hätte er schon einen Riesenaufstand gemacht, aber heute scheint er sich in sein Schicksal zu fügen.

Um halb eins erkundige ich mich, ob die Unterlagen

jetzt da sind. Die Sprechstundenhilfe will nachsehen, bleibt mir aber eine Antwort schuldig.

Um eins frage ich, ob es noch lange dauert und warum denn alle anderen Patienten vor uns drankommen, obwohl sie nach uns eingetroffen sind?

Die Sprechstundenhilfe lächelt und redet wieder von den fehlenden Unterlagen und dass Frau Doktor doch Zeit für Herrn Follmann haben möchte.

Ich bin sauer, doch irgendeine innere Stimme sagt mir, dass ich ruhig bleiben soll.

»Herr Follmann, bitte. Frau Doktor ist jetzt so weit.«

Es ist fast halb zwei, als wir endlich zu der Ärztin vorgelassen werden.

Sie ist klein, knapp sechzig Jahre alt und sieht uns ernst an.

»Es ist gut, dass Sie nicht allein kommen«, sagt sie zur Begrüßung. »Ist das Ihre Frau, Herr Follmann?«

Franz schüttelt den Kopf. »Meine Exfrau.«

Er setzt sich direkt vor ihren Schreibtisch. Ich nehme einen Stuhl in der hinteren Ecke. Meine Güte, er hat ja Mühe, gerade zu sitzen. Warum ist mir das vorher nicht aufgefallen?

Die Ärztin räuspert sich. Sie ist nervös. »Die Untersuchungsberichte aus dem Krankenhaus sind da. Herr Follmann, das sieht nicht gut aus. Möchten Sie, dass ich Ihnen die ganze Wahrheit sage?«

Franz schwankt einen Moment lang auf dem Stuhl hin und her. Muss ich ihn auffangen? Er nickt kaum sichtbar.

Was dann kommt, haut mich um.

Die Ärztin sagt, Franz' ganzer Körper sei voller Metastasen. Ich höre, dass seine Leber, sein Darm und seine Lunge befallen sind. Und ich höre, dass er nicht mehr therapiert werden kann, dass kein Arzt mehr etwas für ihn tun kann.

Sie sagt es ruhig, aber nicht unbeteiligt. Man sieht ihr an, dass es ihr schwerfällt, so eine schlimme Nachricht, die Nachricht vom baldigen Tod, zu überbringen.

»Sie haben nicht mehr viel Zeit, Herr Follmann. Sie sollten darüber nachdenken, wohin sie jetzt gehen möchten, nach Hause oder in ein Hospiz.«

Peng! Sätze wie Peitschenhiebe. Ich zittere am ganzen Körper, versuche aber, meine Unruhe unter Kontrolle zu bekommen. Franz ist der Betroffene, er braucht jetzt meine Unterstützung. Ich muss stark für ihn sein. Er hat es verdient, trotz allem, was zwischen uns passiert ist.

»Ich möchte nach Hause«, zerreißt Franz meine Gedanken.

Die Ärztin sieht mich an. »Geht das?«, fragt sie.

»Natürlich!«, sage ich und fange Franz' Blick auf. Er ist dankbar.

~

Die Fahrt zurück nach Commerau dauert eine gefühlte Ewigkeit. Franz sitzt neben mir und ist völlig in sich zusammengesunken. Jede Kraft scheint aus ihm gewichen zu sein. Er wirkt um Jahre gealtert, schwach und zerbrechlich. Stumm sieht er auf die Straße.

»Gibt es etwas, das du noch machen möchtest? Sag es mir offen, und ich sehe zu, dass es klappt«, sage ich in die Stille.

»Ich weiß nicht«, erwidert Franz leise und wirkt völlig abwesend.

»Überleg es dir in Ruhe. Ich bin da. Aber lass dir nicht zu viel Zeit.«

Eine Zeitlang sagt er nichts, dann meint er plötzlich: »Weißt du, ich würde gerne noch mal deine Oma treffen.«

»Omi Anneliese?«

Omi Anneliese ist die Mutter meines Vaters. Sie hatte Franz von Anfang an in ihr Herz geschlossen, die beiden haben sich aber vielleicht nur ein Dutzend Mal gesehen. Merkwürdig, was Menschen durch den Kopf geht, wenn sie wissen, dass ihnen nicht mehr viel Zeit bleibt,

»Warum denn ausgerechnet Omi Anneliese?«, hake ich nach.

»Sie ist eine tolle Frau. Mutig und glasklar in ihren Ansichten. Ich habe sie immer bewundert. Ach, lass mal, es würde sie nur belasten, wenn sie mich sieht. Aber später, wenn alles vorbei ist, dann grüß sie bitte von mir.«

Ich sehe die ganze Zeit starr geradeaus und bin von der Situation total überfordert. Ich denke nicht, ich funktioniere. Franz ist krank. Sterbenskrank. Er hat niemanden. Also bin ich für ihn da. Es muss sein.

~

Zurück in Commerau begleite ich Franz nach oben in seine Wohnung. Die Nachricht der Ärztin hat ihm alle Kraft genommen. Ich muss ihm helfen, die zwei Treppen hinaufzugehen, so wackelig ist er auf den Beinen. Auf dem Absatz braucht er bereits eine Pause. Er atmet schwer. In seiner Wohnung fällt er aufs Sofa.

»Ich bin müde«, sagt er leise. »Aber mach bitte die Gardinen auf. Es ist so dunkel hier drin.«

Als ich aus dem Fenster sehe, denke ich an unsere erste Reise nach Spanien. Franz liebt die Sonne. Er hasst Dunkelheit.

»Franz, komm zu uns in die Ferienoase. Ich mache einen Bungalow frei, und dann ziehst du dort ein. Da hast du Licht und bist nicht allein. Wir sind alle da. Du kennst die meisten Gäste, und die Kinder können dich in Ruhe besuchen.«

Ich warte seine Antwort nicht ab. »Ich regle das und hole dich in zwei Stunden.«

Ich bringe Franz in Bungalow 9 unter. Dort gibt es zwei Schlafzimmer und eine kleine Wohnküche.

Kathleen düst noch am Nachmittag nach Bautzen und holt die Morphiumtabletten vom Krankenhaus ab.

Franz muss in den letzten Wochen schlimme Schmerzen gehabt haben. Warum hat er nichts gesagt? Eigentlich typisch für ihn. Er will immer stark sein.

Jetzt liegt er im Bett und wirkt ganz schwach und elend. Mir fällt auf, wie abgemagert er ist. In Jeans und Oberhemd ist mir das gar nicht aufgefallen.

Seine Augen schimmern gelb, und um seinen Mund zeichnen sich tiefe Falten ab. Er tut mir so leid.

»Ich schlafe nebenan«, sage ich leise. »Du bist keinen Moment allein. Verlass dich darauf.«

Franz dreht den Kopf zur Seite und sieht mich an. Es ist ganz deutlich, er hat sich aufgegeben. Ich kann zusehen, wie er von Stunde zu Stunde schwächer wird und sein Körper verfällt. Mir wird klar, dass ihm weniger Zeit bleibt, als ich dachte.

Noch am Abend telefoniere ich die Kinder zusammen. Sarah weint fürchterlich. Sie will am nächsten Tag aus Kassel kommen und bei ihrem Vater sein. Auch Mandy und Laura sind völlig aufgelöst. Ich rufe Franz' Schwester an und seinen besten Freund Uwe in Hamburg. Auch unseren Stammgästen sage ich die Wahrheit. Einige wollen sich von ihm verabschieden.

Als ich am Abend in Bungalow 9 schlafen gehen will, stellt Kathleen uns beiden noch eine Tasse Tee ans Bett.

»Ist dir warm? Soll ich das Fenster öffnen?«, fragt sie Franz, und ihre Stimme klingt so liebevoll.

»Ja, bitte«, sagt Franz und lächelt dankbar, als ihm Kathleen zum Abschied über das Gesicht streicht.

»Schlaf gut, Franz«, sagt sie leise. »Karina ist bei dir. Sie passt auf dich auf!«

Ich bringe Kathleen noch bis zum Eingangstor der Ferienoase. Sie schläft zu Hause, bei Laura und Leon. Als ich zurück zum Bungalow gehe und die Tür hinter mir ins Schloss ziehe, geht mir viel durch den Kopf. Es ist ausgerechnet Bungalow 9, den Franz und ich damals als Vorlage für all die anderen in Berlin gekauft haben. Und ich denke daran, wie Kathleen und ich uns kennengelernt haben, damals in der Gaststube der Ferienoase, keine fünfzig Meter von hier entfernt. Und jetzt liege ich hier im Bett, höre Franz schwer atmen und begleite ihn in den Tod. Das Leben ist unkalkulierbar, es ist eine Achterbahnfahrt.

~

»Weißt du, was ich mir noch wünsche?«, fragt mich Franz.

»Sag es mir, und ich werde versuchen, dir deinen Wunsch zu erfüllen«, antworte ich.

Wir sitzen auf der Terrasse von Bungalow 9. Es ist weit nach Mitternacht, aber Franz kann nicht schlafen. Ich habe ihn in einen Liegestuhl bugsiert und nach draußen geschoben. Die Nacht ist mild, der Himmel sternenklar. Franz liegt unter einer dicken Decke. Er hat eine Morphiumtablette bekommen, jetzt fühlt er sich etwas schummerig. Aber er ist trotzdem heute Nacht erstaunlich klar im Kopf.

»Ich wünsche mir, dass aus meinem Leon ein bisschen ein Franz wird. Versprichst du mir, dass ihr ihm viel von mir erzählen werdet?«

Ich nehme seine Hand. Sie ist ganz knorrig. Ich streichele sie.

»Natürlich verspreche ich dir das, Franz. Leon hat einen wunderbaren Vater, und den wird er nie vergessen.«

»Weißt du, Karina, es ist einiges zwischen uns schiefgelaufen. Ich habe dich oft mit meinen Wünschen und Vorstellungen überfahren und zu wenig Rücksicht auf dich genommen. Aber ich wollte dich nie verletzen, das musst du mir glauben. Kannst du mir verzeihen?«

Ich halte seine Hand jetzt ganz fest und streichele mit der anderen sein Gesicht. »Franz, ich habe dir längst verziehen.

Mach dir keine Gedanken, zwischen uns ist alles wieder in Ordnung. Was gewesen ist, habe ich vergessen. Es ist alles weit weg, und du hattest deine Gründe, so zu handeln. Niemand von uns ist ohne Fehler.«

Franz sieht mich an, seine Augen sind milchig-trüb. Ich sehe darin den Tod. Es wird nicht mehr lange dauern. Ich spüre, wie mir das Herz ganz schwer wird. Mein Hals zieht sich zu, aber ich will nicht weinen. Ich will ihm das ohnehin schwere Herz nicht noch schwerer machen.

Franz spricht weiter, so leise, dass ich mich über sein Gesicht beuge, um ihn besser verstehen zu können.

»Die Kathleen«, flüstert er kaum hörbar, »die ist in Ordnung. Du hast eine gute Wahl getroffen. Aber verstehen konnte ich das nie. Weißt du, wenn du mit einem anderen Mann weggelaufen wärst, das hätte ich verstanden. Aber mit einer Frau, nein, das habe ich nicht begriffen. Das muss man doch früher merken, ob man Frauen lieber mag als Männer. Ich habe lange Zeit geglaubt, dass es nur eine Episode ist, etwas, das du ausprobieren willst. Aber mittlerweile glaube ich, dass ihr beide gut füreinander seid. Ich bin froh, dass sie da ist. Jetzt, wo ich bald sterben muss.«

Ich kann die Tränen nicht mehr aufhalten und breche in haltloses Schluchzen aus. Jetzt ist es Franz, der meine Hand drückt und mich trösten will. Der stark sein will, wie immer. Es war gut, dass es ihn gab in meinem Leben. Wir hatten unsere Zeit. Es war eine schwere Zeit, aber es gab auch viele schöne Augenblicke, für die ich ihm immer dankbar sein werde.

»Ich bin müde, aber bleib bei mir«, sagt er leise, und dann höre ich ihn schwer atmen. So als kämpfe er mit dem Tod um jeden Atemzug.

~

Franz quält sich danach noch neun Tage. Er hat Angst vor dem Tod. Vielleicht wartet er auch auf seinen Freund Uwe. Sarah ist aus Kassel angereist und weicht nicht mehr vom Bett ihres Vaters. Laura und Mandy sind oft bei ihm, aber sie können eigentlich gar nicht mit der Situation umgehen, fühlen sich hilflos. Wir reden viel mit ihnen.

In den letzten Tagen vor Franz' Tod sind wir eine Familie, die ganz wunderbar zusammenhält, und ich bin stolz auf meine Kinder.

Uwe kommt am 26. August spätabends in Commerau an und will sofort zu Franz. Uwe, ein Kerl wie ein Baum, am Sterbebett seines Freundes weint er wie ein Kind.

Als Franz kurz schläft, kommt Uwe zu mir. »Er ist ganz klar bei Verstand, und ich denke, dass es bald vorbei ist. Er möchte, dass ich bei ihm bleibe. Hast du etwas dagegen?«, fragt er mit verweinten Augen.

Ich schüttele den Kopf. »Nein, Uwe, ich weiß ja, wie viel du ihm bedeutest. Bleib bei ihm. Er hat sich so sehr gewünscht, dass du kommst.«

Wenig später laufe ich mit Sarah mitten in der Nacht von der Ferienoase zu unserer »Heideschenke«. Wir haben Hunger und möchten uns etwas zu essen machen. Es ist eine laue Augustnacht, und unterwegs reden wir über die vergangenen schönen Momente als Familie.

»Schade, dass erst der drohende Tod uns wieder alle so eng zusammengebracht hat«, sagt Sarah.

Ich nicke. »Es sind die traurigen Momente, in denen man weiß, was wirklich zählt.«

Wir halten uns fest an den Händen.

Im Gasthof braten wir uns gerade ein Spiegelei, als Uwe anruft.

Er weint. »Franz hat es geschafft«, schluchzt er. »Er ist erlöst. Jetzt muss er sich nicht mehr quälen.«

Es ist der 27. August 2011, frühmorgens um halb vier.

Als ich mit Sarah zur Ferienoase zurückkomme, liegen sich Kathleen und die Kinder weinend in den Armen. Ich bin zu erschöpft, um zu weinen. Die drei Wochen an Franz' Sterbebett haben viel Kraft gekostet.

Am nächsten Tag finde ich einen Brief von einem Stammgast vor. Er schreibt mir, wie schön er es fand, dass Franz so friedlich einschlafen durfte. Er war nicht nur im Kreis der Familie, nein, auch mitten im Geschäftsbetrieb, seinem Lebenswerk. Unser Gast fand es bewundernswert, dass wir alle, trotz vieler Turbulenzen, den letzten Weg mit Franz zusammen gegangen sind.

Ich habe mich über diese Zeilen sehr gefreut. Es war eine Anerkennung, die ich genossen habe. Stimmt, Franz und ich, wir haben einen würdevollen Abschied gehabt. Das wird mich durch die Zukunft tragen.

Die Beerdigung ist am 16. September 2011. Es wird eine weltliche Zeremonie, da keiner von uns einer Kirche angehört. In der Ferienoase habe ich ein großes Zelt aufbauen lassen, mit Blumen und Kerzen und eingedeckten Tischen für die vielen Trauergäste aus dem Dorf, die Stammgäste aus dem Betrieb und unsere Verwandten. Ein Redner spricht von Franz' Verdiensten für Commerau und wie rührend er immer um seine Kinder bemüht war. Danach wird die Urne im Nachbarort Klix beigesetzt. Es ist eine schöne Feier. Ich bin sicher, Franz hätte sie sich so gewünscht.

»Schade, dass er nicht mehr bei uns ist. Es hatte gerade angefangen, harmonisch zu werden«, sagt Kathleen zu mir, als wir auf dem Heimweg von der Trauerfeier sind.

»Ja, endlich waren wir alle miteinander versöhnt. Wir hätten noch ein paar gute Jahre miteinander haben können. Aber das Schicksal hat wohl noch etwas anderes mit uns vor.«

»Was denn?«, fragt Kathleen und bleibt plötzlich abrupt stehen.

Ich lache sie an, küsse sie auf den prallen roten Mund, den ich an ihr so liebe. »Wart's ab, ich fühle, dass es jetzt erst richtig losgeht.«

KAPITEL 14

»Manager für Campingplatz gesucht« – seit Tagen liegt der Zeitungsausschnitt mit dem Jobangebot auf meinem Schreibtisch. Ich bin mir unsicher, ob es Sinn hat anzurufen, andererseits macht mir der bevorstehende Winter Angst.

Nach Franz' Tod habe ich zusätzlich zur Ferienoase auch seine Geschäftsteile wieder übernommen. Unsere sorgfältig ausgearbeitete Geschäftstrennung war noch nicht rechtskräftig, also gehört jetzt alles wieder mir. Auch die Verbindlichkeiten. Unter anderem hohe Nachforderungen des Finanzamts, über deren Rechtmäßigkeit noch nicht entschieden ist, die mir aber reichlich Kopfzerbrechen bereiten.

Im Winter ist die Ferienoase geschlossen, und die Ferienwohnungen können nicht vermietet werden. Nur die »Heideschenke« ist geöffnet, doch sie wirft nicht mehr so viel ab wie früher. Ich fürchte, dass wir davon nicht werden leben können. Die Kosten laufen ja weiter, und noch so eine Wintersaison mit diversen Nebenjobs halte ich nicht durch. Es waren verdammt harte Monate.

Aber kann ich als Angestellte arbeiten? Ich habe ja keinerlei Erfahrung damit. Und ich müsste mich zeitweise von Kathleen und den Kindern trennen, denn der Camp-Manager soll auf einem großen Platz vor den Toren von Hamburg eingesetzt werden. Hamburg–Commerau, das sind sechshundertvierzig Kilometer! Hält unsere Liebe das aus? Und kann ich Kathleen mit all der Verantwortung hier einfach zurücklassen? Auf der anderen Seite tun die ständigen Sorgen unserer Beziehung auch nicht gut.

Als ich Kathleen auf die Anzeige aufmerksam mache, ist sie erst irritiert. »Dann musst du ja nach Hamburg«, sagt sie kopfschüttelnd.

»Ja, aber ich weiß doch auch nicht, wie wir sonst über die Runden kommen sollen.«

Kathleen sagt minutenlang kein Wort. Sie sieht traurig aus. Natürlich will sie genauso wenig wie ich eine Fernbeziehung.

»Es wäre nur für ein paar Monate«, versuche ich sie zu beruhigen. »Du könntest in der Zeit den Gasthof machen, und wenn die Ferienoase öffnet, bin ich wieder hier.«

»Lass mich eine Nacht darüber schlafen«, sagt Kathleen. Es ist offensichtlich, dass sie leidet.

Später im Bett kuschelt sie sich an mich. »Was wird aus uns?«, flüstert sie mit unsicherer Stimme.

»Ach, Liebling, im Moment weht uns der Wind ins Gesicht, aber nach dem Winter geht es bestimmt wieder bergauf. Wenn alles gut läuft, können wir in der kommenden Saison Geld zurücklegen, damit wir nächstes Jahr nicht wieder so knapp sind.«

Kathleen schlingt jetzt ihre Arme ganz fest um mich. »Ich will nicht, dass du weggehst«, sagt sie leise und klingt dabei ein bisschen wie ein kleines Mädchen.

»Ich gehe nicht weg, ich bin nur für ein paar Monate im Norden. Und an vielen Wochenenden können wir uns sehen.«

Ich nehme ihr Gesicht in meine Hände und küsse sie ganz lange, ganz innig. »Komm, lass es uns doch wenigstens versuchen. Vielleicht ist es ein super Job, und wir können uns finanziell ein bisschen erholen.«

Kathleen sagt kein Wort mehr. Aber ich spüre an meinen Händen, dass ihre Wangen feucht werden. Sie weint.

~

»Ich habe einen Vorstellungstermin«, jubele ich und halte Kathleen den Brief hin. »Hier, sieh mal, ich soll nach Würzburg kommen.«

Kathleen wischt sich hinter dem Tresen die Hände trocken und kommt schnell zu mir in den Gastraum gelaufen, um mich in den Arm zu nehmen.

Es ist Anfang Oktober 2011, und ich habe das erste Vorstellungsgespräch meines Lebens. Der Sitz der Firma ist in Bayern. Dort möchte der Geschäftsführer mich kennenlernen.

»Hör zu«, sage ich zu Kathleen und lese vor: »*Bitte rufen Sie uns an, um einen Termin zu vereinbaren*. Liebste, ich glaube, ich kriege den Job. Danke, dass du mir die Bewerbung geschrieben hast! Allein hätte ich das nie hinbekommen.«

Kathleen freut sich mit mir. In den letzten Tagen haben wir viel geredet, und mittlerweile ist auch sie der Meinung, dass es eine super Chance für uns wäre, wenn ich ein paar Monate bei dem Unternehmen arbeiten könnte. Ich würde Geld verdienen, gleichzeitig aber auch einen Blick hinter die Kulissen eines großen Campingbetriebes werfen können. Ich würde bestimmt viel Neues lernen, wertvolle Anregungen bekommen und einiges davon für unsere Ferienoase nutzen können.

Kathleen will in der Zeit die »Heideschenke« allein managen. Wir haben schon länger den Eindruck, dass da in den letzten Monaten nicht alles ganz korrekt abgelaufen ist, und Kathleen hat sich vorgenommen, sich endlich einen verlässlichen Überblick über die wirklichen Einnahmen und Ausgaben zu verschaffen. Vielleicht sieht es ja gar nicht so schlecht aus, und wir können in unserem Unternehmen alt werden.

~

»Sie haben den Job! Wenn Sie mögen, können Sie zum 1. November in Hamburg anfangen.«

Ich habe einen Arbeitgeber, ein komisches Gefühl. Auf der Rückfahrt von Würzburg nach Commerau schwirrt mir der Kopf. Meine Zukunft bekommt plötzlich Konturen, aber ich habe auch Angst vor der Trennung von Kathleen und den Kindern. Kann ich sie überhaupt so lange allein lassen?

Okay, Sarah ist in Kassel gut versorgt und kommt prima ohne mich zurecht. Mandy hat inzwischen ihren Schulabschluss gemacht und lebt seit ein paar Wochen mit ihrem

Freund zusammen in der Nähe von Bautzen. Sie will Kauffrau werden. Nur Laura braucht mich noch. Sie geht noch ein Dreivierteljahr zur Schule und will anschließend Tierwirtin werden. Aber Kathleen und Leon sind ja auch noch da, und gemeinsam müssten die drei klarkommen.

Als ich nach vier Stunden Fahrt zu Hause ankomme, hat sich in meinem Kopf so einiges sortiert. Ich bin froh, diese Chance zu bekommen, denn wer weiß, ob wir das Geschäft in Commerau überhaupt halten können. Die Gegend an der polnischen Grenze gerät zunehmend in Vergessenheit. Der Anfangsboom, den Franz und ich nach der Wende in Commerau erlebt haben, ist vorbei. Die jungen Leute ziehen in den Westen, die alten sterben aus. Und nur wenige Touristen kommen so weit in den Osten, die meisten bleiben in Bautzen. Ich weiß nicht, ob wir hier wirklich noch eine Zukunft haben.

Könnte Hamburg vielleicht sogar mehr sein als nur eine Möglichkeit, finanziell über den Winter zu kommen?

~

Als ich das Finanzamt in Bautzen verlasse, brauche ich erst mal einen Kaffee. Es ist Februar 2012, und ich weiß nicht mehr, was ich machen soll. Inzwischen belaufen sich die Steuernachforderungen auf dreißigtausend Euro, und angeblich ist das erst der Anfang. Mein Anwalt kommt bei den Sachbearbeitern auch nicht weiter mit seinen Bemühungen, durch Vorlage von Unterlagen den Irrtum zu korrigieren. Ich habe keine Kraft mehr, jeden Tag zu grübeln, wie es finanziell weitergehen soll. Wann habe ich in letzter Zeit überhaupt mal eine Nacht durchgeschlafen? Ich kann mich nicht mehr erinnern.

Wenigstens geht es mir in Hamburg gut. Ich bin allein für den großen Platz in Schnelsen verantwortlich. Wir haben hundertvierzig Plätze und zwölf Mobilheime, dazu großzügige Duschräume und eine schöne Restauration. Die Gäste kommen aus ganz Europa, viele aus Skandinavien. Auch im Winter ist eine Menge zu tun, aber die Arbeit macht mir Spaß. Ich checke die Gäste ein und aus, halte die Anlagen tipptopp in Schuss, beaufsichtige Handwerker und Personal. Gut, es ist ein Job, in dem es keine festen Arbeitszeiten gibt und keinen Feierabend. Ich wohne in einer schönen Wohnung direkt am Platz und bin deshalb immer erreichbar. Aber was viele Menschen stören würde, ist ja für mich normal. Ich habe immer so gelebt.

Eigentlich will ich nur die Wintersaison finanziell überbrücken, aber mit jedem Tag, den ich dort bin, bastele ich in meinem Kopf mehr an einem ganz anderen Plan.

Kathleen und Leon würden sich in Norddeutschland bestimmt wohl fühlen. Die Traumstadt Hamburg ist nur wenige Autominuten entfernt. Kathleen ist jung, es würde ihr guttun, sich frischen Wind um die Nase wehen zu lassen. Vielleicht sollten wir einen Riesenschnitt machen und alles in Commerau aufgeben: die Ferienoase, den Gasthof und die Nebengebäude gegenüber. Wenn ich hundertfünfzigtausend Euro dafür bekäme, könnte ich alle meine Schulden, voraussichtlich auch die beim Finanzamt, bezahlen und hätte noch ein bisschen Startkapital in der Tasche.

Auf der Rückfahrt von Commerau nach Hamburg reift mein Plan. So könnte es gehen, so hätten Kathleen und ich endlich die Basis für ein schönes Leben.

~

Der Plan geht jedoch nur teilweise auf. Den Job kann ich unbefristet bekommen. Mein Chef freut sich, er ist mit meiner Arbeit sehr zufrieden. Aber die hundertfünfzigtausend Euro Verkaufssumme entpuppen sich als Illusion. Die komplette Grenzregion liegt mehr am Boden, als ich vermutet hatte. Die Immobilienpreise sind im Keller, Kredite sind kaum noch zu bekommen. Ich senke den Preis, bin schließlich bereit, alles für achtzigtausend Euro wegzugeben.

Vom Finanzamt gibt es immer noch keine verlässlichen Zahlen. Ich kann nichts planen, aber ich weiß jetzt genau: Es hat keinen Sinn mehr, an Commerau festzuhalten. Wir können davon nicht leben, wenn wir gleichzeitig noch die Steuerschuld abstottern müssen.

Als ich im April 2012 ein letztes Mal vom Stall in Jetscheba aus zur Ferienoase gehe, nehme ich innerlich Abschied. Es ist ein schwerer Gang. In meinem Kopf läuft ein Film mit Bildern der letzten Jahre ab. Ich sehe die üppigen Kornfelder, höre die Pferde wiehern und sehe meine Kinder fröhlich auf dem Spielplatz der Ferienoase toben. Gäste winken mir zu. Ich decke vor dem Café die Tische. Franz kommt aus Commerau angefahren und bringt Tabletts mit frischem Kuchen.

»Lass uns heute Abend mal reden. Ich habe eine Idee, wie wir in den Herbstferien unsere Buchungen verbessern können«, sagt er im Vorübergehen zu mir, und ich nicke ihm zu und frage mich gespannt, welchen neuen Plan er mir präsentieren wird.

Ich sehe auch Kathleen und mich im Gras liegen. Wir küssen uns wild und leidenschaftlich, und ich kann nicht genug davon bekommen, ihre zarten, weichen Finger auf meiner Haut zu spüren. Über uns wölbt sich der Sommerhimmel, und ich erlebe eine Lust, wie ich sie mir bis zu diesem Moment überhaupt nicht hätte vorstellen können.

Geblieben ist mir von all dem Kathleen. Und natürlich Leon. Der Rest ist Vergangenheit. Franz ist tot, meine Mädchen sind flügge, und die Ferienoase ist ein unrentabler Betrieb, der seine beste Zeit hinter sich hat. Ich darf nicht länger an etwas festhalten, das es nicht mehr gibt. Ich darf nicht abwarten und auf bessere Zeiten hoffen. Ich muss nach vorne schauen und tatkräftig meine Zukunft anpacken.

Meine Zukunft ist Kathleen. Wir sind beide noch jung genug, um von vorn anzufangen. Unser gemeinsames Leben geht jetzt erst richtig los.

Für Laura habe ich eine kleine Wohnung gemietet. Sie hat in der Nähe von Commerau einen Ausbildungsplatz gefunden und möchte dort bleiben. Kathleen und Leon sitzen im Gasthof auf gepackten Koffern. Das Inventar ist bereits verkauft, mit dem Erlös habe ich Verbindlichkeiten bezahlt. Der Rest geht in die Insolvenzmasse ein. Da ich keinen Käufer finde, bleibt mir nichts anderes übrig, als alles aufzugeben. Das Finanzamt hat bereits die Zwangsvollstreckung veranlasst. Ich kann und will auch nicht mehr kämpfen. Seitdem der Entschluss gefasst ist, geht es mir wieder gut. Eine Riesenlast ist von meinen Schultern genommen. Ein schönes Gefühl.

Kathleen wird auf dem Campingplatz in Hamburg als meine Assistentin arbeiten, sie hat schon einen Vertrag bekommen. Leon haben wir in einer Grundschule angemeldet. Er war bereits ein paarmal in Hamburg zu Besuch und ist hellauf begeistert von der Stadt. Kein Wunder, für einen Knirps vom Land gibt es hier eine Fülle neuer Eindrücke. Besonders die Ausflüge zum Hafen haben ihn vor Freude jauchzen lassen.

Wir fangen von vorn an. Das ist der richtige Weg, davon bin ich felsenfest überzeugt.

Da Mandy und Laura noch im Großraum Bautzen leben, werde ich regelmäßig dorthin fahren. Aber es wird anders sein. Ich werde frei sein von diesen gewaltigen Sorgen und Zeit für meine Kinder haben. In meinem Kopf ist Platz für Neues. Ich spüre, wie die Lebensfreude zurückkommt.

»Es geht los!«, sage ich zu Kathleen und drücke den Startknopf des Autos.

»Ich will die Schiffe sehen«, ruft Leon vom Rücksitz aus.

»Wir fahren gleich morgen zum Hafen«, verspricht ihm Kathleen.

Sie nimmt meine Hand und drückt sie fest. Als wir das Ortsausgangsschild von Commerau passieren, ist die Wehmut wie weggeblasen.

»Weißt du, Leon«, sage ich laut, »im Hamburger Hafen

laufen jeden Tag viele Schiffe aus der ganzen Welt ein und bringen Bananen und Getreide mit und alles, was die Menschen in Europa brauchen.«

»Ich will jeden Tag zum Hafen, geht das?«, ruft Leon.

»Ja, klar, wir können machen, was wir wollen, wir drei!«

~

»Lass uns noch ein bisschen über die Mönckebergstraße bummeln«, sagt Kathleen.

Ich muss über das »ein bisschen« schmunzeln. Wir sind schon seit drei Stunden unterwegs, und die Füße tun mir weh. Aber seitdem wir in Hamburg leben, liebt Kathleen es, bummeln zu gehen.

Anne ist zu Besuch, und wir genießen das Weltstadtflair unserer neuen Heimat. Leon ist zu einem Kindergeburtstag eingeladen. Er hat in seiner neuen Schule schnell Anschluss gefunden, es geht ihm prächtig. Und wir lassen es uns auch gutgehen.

»Kommt, lasst uns einen Kaffee trinken. Hinter dem Fleet ist ein hübsches Café«, meint Anne.

Es ist ein kalter Wintertag, kurz vor fünf. Die beleuchtete Innenstadt ist um diese Jahreszeit wunderschön anzusehen.

Ich bin gern in Hamburg.

Anne bleibt noch eine Woche bei uns, und es ist nicht das erste Mal, dass sie hier ist. Sie kommt alle zwei, drei Monate ein paar Tage von Chemnitz hoch zu uns. Ihren Lebenspartner Georg, mit dem sie seit zehn Jahren zusammen ist, bringt sie neuerdings auch mit, denn er liebt Schiffe.

Heute lädt Anne Kathleen und mich zu Kaffee und Kuchen ein. Als wir am Tisch sitzen, tuscheln die beiden mal wieder. Ich bin sicher, es geht um Kathleens Hochzeitskleid, denn wir träumen davon, bald zu heiraten. Meine Eltern sollen dabei sein, die Mädchen und ein paar enge Freunde. Kathleen möchte in einem wunderschönen Kleid zum Standesamt gehen. Aber ich soll nicht wissen, wie sie aussehen wird, deshalb bespricht sie alles mit Anne.

Es ist schon komisch: Die zwischen Mann und Frau geltende Rollenverteilung gibt es auch bei vielen gleichgeschlechtlichen Paaren. Kathleen hat die typische Frauenrolle. Sie macht den Haushalt, kümmert sich um Leon und liebt es, Verantwortung abzugeben. Ich mag es, für »meine Frau« und die Familie sorgen zu können. Aber im Grunde bringen Vergleiche nichts. Man kann ja nicht wählen, ob man mit einem Mann oder einer Frau leben will. Man muss tun, was man fühlt. Man muss authentisch sein, sonst wird man im Leben nie glücklich.

Ich nehme Apfelkuchen aus dem Alten Land. Herrlich!

»Hier, probier mal mein Kirschtörtchen«, sagt Kathleen und steckt mir mit ihrer Gabel ein Riesenstück gleich so tief in den Mund, dass ich mich fast verschlucke und laut zu husten beginne.

Kathleen kichert vergnügt, und ich stupse sie übermütig in die Seite. »Lass das, was sollen denn die Leute denken?«

Kathleen amüsiert sich weiter. »Die Leute? Das hat dich doch noch nie interessiert!«

Plötzlich wird Anne ganz ernst. »Sag mal, Karina, ist jetzt alles so, wie du es dir gewünscht hast?«

Ich überlege keine Sekunde. Mit kuchenverschmiertem Gesicht antworte ich: »Ja, ich bin rundum glücklich. Und weißt du, warum? Weil ich da bin, wo ich immer sein wollte, bei einem Menschen, der mich von ganzem Herzen liebt und mit mir sein Leben teilt. Schade nur, dass ich Kathleen nicht früher begegnet bin.«

Camilla Läckberg

Der Leuchtturmwärter

Kriminalroman
Aus dem Schwedischen von Katrin Frey
Originaltitel: Fyrvaktaren
480 Seiten. Gebunden mit Schutzumschlag
ISBN 978-3-471-35080-5

Schriftstellerin Erica Falck hat mit ihren Zwillingen alle Hände voll zu tun, seit ihr Mann Patrik wieder im Polizeidienst ist. Sie findet kaum Zeit für ihre Freundin Annie, die gerade in das idyllische Fischerdorf Fjällbacka zurückgekehrt ist. Annie zieht in den Leuchtturm auf der kleinen Insel vor der Küste. Dort soll es spuken, und dunkle Legenden ranken sich um den Ort. Annie scheint es nicht zu stören, vor allem seit Mats, ihre erste große Liebe, zu ihr zurückgekehrt ist. Doch dann wird Mats brutal ermordet. Patrik beginnt zu ermitteln.

List